KB096768

철학하는 교사, 사유하는 교육과정

철학하는 교사, 사유하는 교육과정

펴 낸 날/ 초판1쇄 2019년 12월 14일
         초판2쇄 2020년 08월 15일
지 은 이/ 이한진 하미정 이광재 김민경 정우영 이찬희
일러스트/ 이우현

펴 낸 곳/ 도서출판 기역
펴 낸 이/ 이대건
편   집/ 책마을해리

출판등록/ 2010년 8월 2일(제313-2010-236)
주   소/ 전북 고창군 해리면 월봉성산길 88 책마을해리
         서울 서대문구 북아현로 16길7
문   의/ (대표전화)02-3144-8665, (전송)070-4209-1709

ⓒ 이한진 외, 도서출판 기역, 2019

ISBN 979-11-85057-74-3 03370

이 도서의 국립중앙도서관 출판예정도서목록(CIP)은 서지정보유통지원시스템 홈페이지(http://seoji.nl.go.kr)와
국가자료종합목록 구축시스템(http://kolis-net.nl.go.kr)에서 이용하실 수 있습니다. (CIP제어번호: CIP2019048113)

서로배움-매혹하는 교과서

우리 시대 교육철학자를 만나다

철학하는 교사
사유하는 교육과정

이한진 하미정 이광재
김민경 정우영 이찬희

ㄱ

나는 좋은 선생님인가?
교사는 어떤 존재인가?

나는 과연 좋은 선생님인가? 이 질문에 답하기 위해서는 '교사는 어떤 존재인가'에 대한 개념 분석이 먼저 되어야 한다. 사전적 의미로 교사는 '일정한 자격을 가지고 학생을 가르치는 사람'이다. 그러니 교육대학이나 사범대학을 졸업하면 취득하게 되는 교원자격증이 좋은 선생님을 담보하지는 못한다. 교사가 학생들을 잘 가르치고 있는지, 확인할 수 있는 준거는 바로 교육과정이라고 생각한다. 교사는 교육과정의 전문가가 되어야 한다.

오랜 시간 우리나라는 교육과정 이론가, 교육과정 개발자, 교육과정 사용자를 구분해왔다. 교육과정을 실행하는 주체는 교사인데, 아직까지도 교육과정을 문서화된 계획과 동일시하고 교사의 역할을 교육과정 사용자로 한정짓는 분들이 있다. 이들에게는 늘 교과서가 최고의 도구가 되어 왔다. 교육과정에 대한 이러한 사고는 학생의 다양성, 교육환경의 특수성이 반영된 교육의 실천을 저해한다. 교사가 교실에서 학생들과 함께 만들어가는 수많은 이야기를 도외시한 채 교육과정을 논한다는 것은 어불성설이다.

다행히 최근 들어 교사 사이에서 '교사교육과정', '교육과정 문해력'이라는 말이 각광받고 있다. 이는 교사의 역할을 교육과정 사용자로 보는 차원에서 벗어나 교육과정을 창의적으로 기획·운영하는 존재로 확장시킨다. 이러한 교육현장의 움직임은 교사의 교육과정 운영에 있어 전문성과 자율성을 한층 더 강화해준다는 점에서 대단히 고무적이다.

이제 교육과정을 실행하는 교사가 걱정해야 하는 것은 전문성과 자율성만이 아니다. 우리는 늘 자신이 실행하고 있는 교육과정-수업-평가가 전문성과 자율성의 소산물인지 아니면 교육적 독단에 불과한지를 성찰해야 한다. 교사가 자기 수업에 대한 나르시시즘에 빠져 주변과 소통하지 않고 자신의 교육과정을 검토하지 않는 것은 교사로의 책무를 잃어버린 것이다.

교육과정 문해력은 교사가 교육과정의 계획과 실행 전반에서 주체가 되어야 함은 물론이고, 동시에 이 둘을 성찰할 수 있는 교육적 안목을 지녀야 한다는 의미를 포함한다. 그런데 교사가 자신의 교육 실천 과정을 조망하기란 쉽지 않다. 왜냐하면 무엇인가를 객관적으로 바라보고 성찰하기 위해서는 그것과 일정한 거리를 두고 생각할 수 있는 여유가 있어야 하기 때문이다. 마치 물속에 있는 물고기가 물 밖으로 나와서 물의 존재를 관조해야 하듯, 교사는 교실 안에서만이 아니라, 교실 너머에서 자신의 교육과정을 비판적으로 볼 수 있어야 한다. 하지만 생각보다 선생님들이 처한 학교의 일상은 화장실 갈 틈도 없을 정도로 정신없이 돌아간다.

이러한 현실에서 교사가 기댈 수 있는 교육 성찰의 수단에는 어떤 것이 있을까? 바로 책이다. 그중에서도 교육이론을 직접적인 소재로 삼은 책은 자신의 교육과정에 대한 비판적 해석에 있어서 일종의 이론적 틀을 제공해준다. 하지만 동시에 교육과정 이론가들이 집필한 저서들은 대부분 교실 수업을 실천한 경험이 구체적으로 담겨 있지 않다. 다시 말해서 교육이론은 교사가 일련의 교육과정을 관조하는 데 유익한 도구가 될 수 있지만, 현장에서 교육과정을 실행하는 교사들에게는 나소 추상적이기 때문에 이해하기 어렵거나 흥미가 떨어지기 마련이다.

반면 순수하게 교육과정을 개발·실천하는 교사들의 교육저서는 직접 학생들을 가르치면서 겪은 이야기나 교육과정 재구성 사례들이 구체적으로 제시되어 있기 때문에 공감하기 쉽고 동료 교사의 경험을 공유하는 차원에서 현장감이 높다. 하지만 독자가 한 단계 성숙하여 교육과정 전체를 조망하는 시야를 기르는 데에는 한계가 있다. 교육과정에 대한 교사들만의 대화는 서로를 이해하고 공감하는 데 의미가 있지만 교사 집단 내 교류만으로는 반쪽짜리 성장이 될 수밖에 없다.

교사가 교육과정 밖 세계를 보지 못하고 현장교육 실천가 영역으로 스스로를 위치시킨다면 자칫 '우물 안 개구리'가 될 수 있다. 그렇기 때문에 교사는 동료 교사뿐만 아니라, 자신의 교육과정과 밖의 세계와 끊임없는 교섭을 시도해야 한다. 교육실천 영역 바깥 세계에서 교사가 알고 싶은 것을 어떻게 찾을 수 있을까? 사람들은 흔히 자신의 삶에서 어떤 어려움에 직면하면 관련 전문가의 조언을 구하거나 때로는 그와 동일 경계에 있는 다른 사람의 통찰에 기대고자 독서를 한다. 교사도 마찬가지이다.

교육실천가인 교사가 가장 쉽고 친근하게 만날 수 있는 관계자는 교육이론가들이다. 교사들은 때로 교육이론가들의 언어에서 새로운 교육과정 대안을 발견하기도 하고 때로는 인간적인 용기와 위안을 얻기도 한다. 그들의 언어는 우리가 학교에서 실천하는 교육의 철학적 기반, 심리학적 기초, 지식별 효과적인 교수학습방법 이론 등에 있어서 토대가 된다. 교사교육과정을 운영하는 교사라면 자신의 삶 순간순간에 그들을 소환할 필요가 있다. 이 책은 교육과정 성찰의 어려움에 고뇌하는 교사들이 모여 서로의 고민을 이야기하고 공부하는 과정에서 탄생하였다.

이 책은 크게 3부, 12장으로 구성되어 있다. 학교에서 일 년 동안 교사가 교육과정을 운영하는 과정을 염두에 두고 교육과정 준비, 실행, 성찰의 3부로 구성하였다. 각 부마다 네 사람의 교육이론가와의 만남을 소개하고 있다. 그리고 각 장별로 집필자의 교육실천 에피소드가 담긴 '마음 열기', 교육 성찰의 과정에서 만난 교육이론가의 이야기, 그와의 만남을 통해 얻은 집필자의 소감인 '만남 이후'의 단계로 구성되어 있다. 특히, 본론에 해당하는 교육이론가의 이야기는 독자로 하여금 생동감 있는 독해로 이끌기 위해서 교육이론가가 직접 말하는 형식을 취했다.

우리가 만난 열두 명의 교육사상가는 교육학을 공부한 사람이라면 누구나 알고 있을 만한 인물도 있지만, 순수하게 교육학자가 아닌 인물도 있다. 이들이 다른 교육이론가들에 비해서 월등히 뛰어나다고 생각했기 때문에 선정한 것은 결코 아니다. 다만 집필에 참여한 교사들이 교육적 탐구와 교사로서 실존적 고민을 하는 과정에서 가장 가깝게 마주하였고 깨달음을 준 인물들이다.

이 책은 두 가지 측면에서 분명한 한계가 있다. 첫째, 교육사상가들이 모두 서양 인물로만 채워졌다는 점이다. 이것은 국내를 포함한 동양의 훌륭한 교육이론가가 없어서가 아니라 철저하게 집필에 참여한 교사들의 역량 부족 탓이다. 이 부분은 추후 우리와 같은 고민을 하며 교육과정을 사유하는 동료 교사들의 몫으로 남겨두고자 한다. 물론 우리 역시도 교육과정 공부를 게을리하지 않을 것이며 그 가운데 동양 교육사상가들과의 조우를 시도할 것이다. 둘째, 이 책은 어디까지나 교육사상가가 집필한 책이 아니라는 점이다. 이 책의 목적은 교사교육과정을 실천하는 과정에서 경험한 어려움이나 고민을 공유하는 데 있지, 결코 학문적 성과에 목표를 두고 있지 않다. 어디까지나 현장 교사들이 한번쯤 겪을 만한 사례들을 중심으로 진솔하게 이야기하고 싶었다. 그럼에도 불구하고 불필요한 논쟁을 차단하기 위해서 교육사상가의 책과 관련 논문을 탐독하며 배경지식을 쌓았고, 집필자들이 서로 토론하며 내용을 정교화했다.

어떻게 하면 교사교육과정을 온전하게 실천할 수 있을까? 교사교육과정은 교육적 실천을 지향하면서도 동시에 깊은 성찰과 공부가 밑바탕이 되어야 한다. 그렇기 때문에 이것은 비단 현장 교사만의 문제가 아니다. 교사와 교육이론가가 함께 풀어야 할 문제이다. 부디 이 책이 저명한 교육학자와 우리 시대를 살아가고 있는 교사 사이의 만남을 주선해 주기를 소망한다. 나아가 교육과정 실천 사례와 교육이론의 연결 고리를 제시함으로써 교육이론가의 연구가 공허한 이론이 되는 것으로부터 벗어나도록 돕고, 동료 교사들에게는 교사교육과정을 비평할 수 있는 안목을 갖는 데 도움이 된다면 더 바랄 나위 없다.

2019년 겨울의 문턱에서 저자들을 대표하여 이한진

| 차례 |

교육과정을 준비하다

공부로의 초대

소크라테스와 만나다

소크라테스(Socrates, BC 470~ 399년경)
소크라테스는 상대주의와 회의주의에 맞서 보편적인 진리를 탐구했다. 당시 소피스트들이 '잘 삶'의 의미를 지나치게 통념적인 수준에서 해석하며 인간의 자연적인 욕망을 억제하는 것에 대해 반대하였지만, 소크라테스는 이들에게 참된 행복의 의미를 되물었고 훌륭한 삶을 이해하기 위해서는 무엇보다 먼저 자기 자신이 누구인지 알아야 한다고 말했다.

"검토되지 않은 삶은 가치 있는 삶이 아니다."

- Socrates -

마음 열기

초등학교 교사가 된 이후 가르침의 지혜에서는 갈 길이 멀지만 학생들을 가르치는 열정만큼은 누구에게도 뒤처지지 않는다고 자부했다. 다소 어려운 내용이라고 하더라도 학생들이 즐겁게 수업에 참여하도록 철저하게 수업을 설계했고, 때로는 다양한 수업자료를 찾아 적용하기도 했다. 학습내용을 잘 이해하지 못하는 학생에게는 보충지도까지 마다하지 않았다. 학생은 열심히 공부하고 교사는 정성을 쏟아서 가르치는 것이 수업에 참여하는 주체들의 최고 미덕이라고 생각했다. 적어도 꼬마 철학자 K학생을 만나기 전까지는.

"선생님 공부는 왜 해요? 하기 싫은 공부를 꼭 해야 하나요?"

교탁 앞에서 분주하게 움직이고 있는 내게 불쑥 던진 K학생의 질문이었다. 공부가 싫거나 공부에 회의를 느낀 학생이 던지는 푸념 정도였다면 정서적으로 공감해주고 끝났을 텐데, 그게 아니었다. 이 학생은 평소 수업 때 창가 쪽 중앙에 앉아서 나를 바라보는 눈빛이 예사롭지 않은 아이였다. 나의 말과 행동 하나하나를 관찰하며 속마음을 읽는 것 같은 느낌이 들어 늘 신경이 쓰이던 아이였다. K학생의 "공부는 왜 해요?"라는 질문은 문자 그대로 공부를 왜 해야 하는지에 대해 알고 싶어서 던진 질문이었다.

다른 아이들보다 쉽게 친해지기 어려울 것 같은 아이가 진지하게 던진 질문이라 기회를 놓치고 싶지 않았다. 먼저 K학생의 질문에 대해 존중의 의사를 표했고, 현재 그 답을 교사가 모르고 있다는 사실을 눈치 채지 못하게 표정 관리하며 뭐라고 말해주어야 할지 고민했다. 최선의 답변을 주고 싶었지만 너무 막막했다. 아이들보다 훨씬 많은 시간을 공부했으면서도, 나 스스로 지금까지 한 번도 진지하게 그 질문을 던진 적이 없기 때문이었다. 대학까지 학업을 마쳤고, 지금도 틈틈이 공부하고 있지만 공부를 왜 하는지도 모른 채 공부하고 있는 내 자신을 반성했다. 그렇다고 나와 마주한 K학생에게 후회 섞인 자기고백을 하고 싶지는 않았다. 어떻게든지 답을 찾아야 했다. 그러나 K학생이 만족할 만한 답변은 쉽사리 떠오르지 않았다.

"너는 어떻게 생각하는데? 왜 공부를 한다고 생각하니?"

잠시 고민할 시간을 벌었다. "대학에 가려고"와 같은 현실적인 답변이나, "행복하려고"와 같은 추상적인 답변도 마음에 들지 않았다. 실제로 나의 과거를 돌이켜보면, 원하는 대학과 진로 선택, 물질적 풍요에 도움이 될

거라는 막연한 생각 속에서 공부했던 것 같다. 한편으로는 맞는 말이지만 공부하는 이유가 이게 전부라면, 학생들에게 '공부는 자신의 목표 달성을 위한 유용한 도구이므로, 참고 공부하라'는 말로밖에 들리지 않을 것이다. 그 논리로 학생을 설득하고 싶지 않았다. 그리고 K학생은 이 정도는 간파하고 있을 명석한 아이였다. 실제로 공부를 왜 하는지에 대해서 학생에게 질문을 받은 경험이 있는 교사라면 그 상황이 매우 난처했을 것이다. 왜냐하면 아마도 많은 교사들이 이에 대한 답변을 시원하게 해줄 수 없기 때문이다.

"함께 고민해 보자. 선생님도 더 생각해볼게."

수업 시작을 알리는 종소리에 도움을 받아 상황은 일단락됐다. 종소리로 일단 상황은 모면했지만 이제 아이의 질문은 내 질문이 되었다. '나는 왜 공부를 하지?'

소크라테스가 말하다

소크라테스는 인간의 삶을 보편적인 진리 탐구와 진정한 사유의 세계로 안내한 위대한 성인이다. 그는 시민들이 지식과 덕을 갖도록 일깨우는 일이 자신에게 부여된 사명이라고 생각하며 죽음 앞에서도 그 신념을 지켰다. 소크라테스는 '지식이 곧 덕'이라고 말했는데, 일상에서 종종 잘못이라는 것을 알면서도 행동하는 경우가 있는 우리의 상식으로는 이해하기 어렵다. 공부를 통해 많은 지식을 쌓으면 훌륭한 사람이 될 수 있는가? 진정 행복한 삶을 살 수 있는가? 소크라테스는 늘 자신의 무지를 주장하며 타인과 대화했다. 이것은 소크라테스가 인간의 실제적 삶을 대하는 진솔한 태도이자, 세계에 참여하는 방식으로서 일종의 교육방법이다. 그의 가르침에서 우리는 공부란 무엇이고, 그것을 대하는 우리의 자세는 어떠해야 하는지를 배울 수 있다.

공부, 왜 하나요?

우리가 하는 거의 모든 행위는 잘 살기 위해서입니다. 그것이 결과적으로 자신이 잘 사는 데 아무런 쓸모가 없을지라도 그 행위를 할 때는 적어도 그것이 자신의 삶에 좋을 것이라고 기대하며 실천합니다. 공부도 마찬가지입니다. 공부 역시 자신의 삶을 행복하게 가꾸는 데 도움이 될 때 의미 있는 행위가 됩니다.

그렇기 때문에 공부를 왜 해야 하는지 묻는 것은 자신의 삶을 잘 가꾸고 싶은 욕구가 있는 학생들에게는 매우 자연스러운 일입니다. 일반적으로 학습은 학교에 입문하기 전부터 일어납니다. 태어나는 순간부터 주변 환경과의 상호작용 속에서 새로운 경험을 하고 그 안에서 다양한 정보를 습득하게 됩니다. 그런데 처음 아이들이 하는 학습을 공부라고 하지는 않습니다. 학습이 외부의 현상이나 교사의 영향을 받는 측면이 강하다면 공부는 자발적인 면이 강하기 때문입니다. 우리가 무엇인가를 배울 때 '나 공부해야지'라고 인식하지 않았다면 공부의 개념은 성립될 수 없습니다. 공부는 자기 스스로 배움의 과정에 참여한다는 자각 하에 능동적으로 진행될 때 가능합니다.

만약 선생님께서 맡고 있는 학급의 학생이 '공부를 왜 해요?'라고 묻는다면 이것은 그동안 자신이 해온 공부에 대해 진지하게 고민해보지 않았거나 그 답을 구하는 것을 유보한 채 공부했다는 것을 시인하는 것입니다. 하지만 동시에 이 질문은 앞으로 학생이 마주하게 될 배움의 기회를 진정한 공부가 될 수 있도록 열어주는 가능성을 제공합니다. 공부하는 이유에 대한 탐구는 우리로 하여금 맹목적인 지식 습득이나 수동적인 학습에서 벗어나 진정한 앎을 추구하는 이성적 주체로 탄생하도록 도울 것입니다.

무지의 고백

학생들이 공부를 왜 하는지 묻는 이유는 단순히 공부에 대해서 느끼는 회의감 때문이 아닙니다. 오히려 그것은 학생들이 경험하고 있는 공부가 자신의 삶에서 어떤 의미를 갖고 있는지 몰라서 던지는 솔직한 자기고백입니다. 자신의 무지에 대한 고백이야말로 진정한 앎을 위한 출발입니다. 이러한 학생에게 교사가 '좋은 대학에 가려고', '좋은 직업을 갖기 위해서', '돈 많이 벌어서 부모님께 효도해야지'와 같은 답변을 하는 것은 매우 어리석은 일입니다. 이것이야말로 현문우답(賢問愚答)입니다. 학생들은 결코 그런 말을 들으려고 던진 질문이 아닙니다.

선생님께서는 공부를 왜 하나요? 왜 해야 한다고 생각하나요? 사실 누구 하나 이 질문에 쉽게 답하지 못합니다. 배움에 대한 참된 목적을 모른 채 우리는 저마다의 삶 속에서 공부를 실천하고 있습니다. 어떤 사람은 정말이지 부나 권력을 누리기 위해서 공부하는지도 모릅니다. 사실 더 큰 문제는 자신이 아는 것을 진정으로 알고 있다고 착각하는 데 있습니다. 학교에서 학생들을 가르치는 교사가 이런 착각에 빠진다면 일반인보다 더 위험합니다. 왜냐하면 교사가 갖고 있다고 생각하는 지식을 자칫 잘못하면 학생들에게 일방적으로 전달하려고 할 수 있기 때문입니다.

사태가 이렇다면 차라리 교사도 학생들에게 모른다고 답변하는 것이 나을지 모릅니다. 한편으로는 실제로 모르고 있는 것이 맞는 말입니다. 이러한 인식에 도달한 교사라면 학생들과 비슷하게 자신의 무지를 고백하는 것은 어떨까요? 교사 역시 평생을 공부하며 삶을 가치 있게 가꾸는 한명의 사람입니다. 이러한 고백은 참된 공부를 시작하기 위한 첫 단추를 꿰는 것과 마찬가지입니다. 또한 이 고백은 선생님과 학생을 진리 탐구의 동반자로 만나게 해 줄 것입니다.

메논과의 만남

제가 만났던 메논이라는 소년이 있습니다. 그 소년은 제게 덕을 가르칠 수 있는지를 물었습니다. 저는 그에게 그 질문에 답하기 전에 먼저 덕이 무엇인지 말해달라고 하였습니다. 덕의 본질에 대한 이해가 선행되어야 그 뒤의 대화가 의미 있을 테니까요. 그러나 그 소년은 저에게 덕의 종류만 늘어놓았지 덕의 본질을 설명하지 않았습니다. 그는 제가 무엇을 어떻게 답해야 할지 모르는 상태로 자신을 마비시켰다며 저를 '전기가오리'에 비유하더군요. 분명히 말씀드리지만, 제가 다른 사람들을 당혹스럽게 만든 것은 제가 많은 것을 알고 있어서가 아니라 제가 그들보다 더 당혹스러운 상태에 빠져있기 때문입니다.

메논 소크라테스 선생님, 저에게 덕이란 그 시인의 말대로 '미(美)를 즐기는 힘'을 가지는 데 있다고 생각됩니다. 그러니까 덕이란 훌륭한 것을 요구하며 그것을 획득하는 능력이 있는 것이다, 이렇게 말씀드릴 수 있을 것 같아요.

소크라테스 여기에서 훌륭한 것을 욕구하는 사람이라는 것은 선한 것을 욕구하는 사람이란 뜻인가?

메논 그렇습니다.

소크라테스 그렇다면 악한 것을 욕구하는 자와 선한 것을 욕구하는 자가 별도로 있단 말인가? 사람은 누구든지 반드시 선한 것을 욕구한다고 생각되지 않나?

메논 그렇게 생각하지 않습니다.

소크라테스 악한 것을 욕구하는 사람도 있단 말인가?

메논 예.

소크라테스 그러한 사람들은 그 악한 것을 선한 것인 줄 알고 욕구한다는 말인가? 또는 악을 악인 줄 알면서 욕구하는 자가 있다, 이 말인가?

메논 예, 그렇지요.

소크라테스 악한 것에 대해서 무엇을 욕구한다는 말인가? 분명히 그것은 그 악한 게 자기 것이 되기를 바란다는 말이겠지?

메논 그렇지요.

소크라테스 그러면 그는 악한 것이 누구의 것이 되든 그 당사자에게 이익이 되는 것이라고 생각하는 걸까? 아니면 악한 것은 누구에게 있든 그 자를 해친다는 것을 알면서 그렇게 하는 것일까?

— 플라톤, 『메논』

소년과의 대화에서 저는 시종일관 질문자의 입장에 서 있습니다. 덕의 의미를 모르니 그에 대해서 설명할 수 없고 상대방에게 물을 수밖에 없는 것이지요. 이러한 대화방식은 사실 현실 수업에 적용하기 어렵습니다. 무릇 교사란 가르쳐야 할 전문적 지식을 갖고 학생을 만나야 한다는 교육적 상식과 정면으로 배치되기 때문입니다. 하지만 이러한 아이러니(irony)야말로 학생을 진정한 교육의 사태로 초대할 수 있지 않을까요?

일부 교사들은 자신이 학생처럼 지적 무지 상태에 있다는 것 자체를 인정하기 싫을 수도 있을 테지요. 그 이유 중 하나가 학생에게 가르쳐야 할 교육내용을 교사가 모른다는 사실이 부끄럽다고 여겨지기 때문입니다. 물론 교사는 가르쳐야 할 내용에 대한 이해 측면에서 전문가가 되어야 합니다. 하지만 해당 교과 내용을 어떻게 가르치느냐, 이를테면 학생과 어떻게 대화하느냐의 측면에서 전문성이 발휘되어야 합니다. 온갖 지식과 관련된 학생과의 상호작용은 사회·과학이론을 연구하는 순수 학자들보다 교사들이 잘하는 영역입니다.

요컨대, 교사의 무지에 대한 고백, 즉 공부의 참된 의미를 모르는 교사라는 사실이 교사의 위상을 떨어뜨리지 않습니다. 오히려 이러한 선생님의 모습은 학생 앞에 인간적이고 진실한 사람으로 드러납니다. 기존의 잘못된 신념이나 오류를 제거한 상태에서 교사와 학생이 대화할 때 우리는 참된 지식에 다다를 수 있습니다.

잘 삶

인간은 모두 잘 살고 싶어 합니다. 그러나 우리는 '잘 산다'는 것의 의미를 명확하게 알 길이 없습니다. 개인마다 행복을 추구하며 다양한 시도를 하지만 그게 과연 행복을 촉진하는 일인지 아니면 불행의 요소가 될지 확신할 수 없습니다. 학생들이 공부를 왜 해야 하는지 묻는 것도 그것이 자신의 행복과 정말 관련이 있는지 의문이 들기 때문입니다. 당장에 친구들과 놀고 싶고, 쉬고 싶고, 자고 싶은데 이러한 욕구들을 참아 내면서까지 굳이 공부를 해야 하는 이유를 찾지 못했기 때문입니다.

단순히 '어떻게 될지 모르는 먼 미래를 위해서, 사회에서 조금 더 인정받고 경제적인 부를 누릴 수 있는 삶을 살기 위해서 지금은 공부를 해야 한다. 그러니까 지금의 욕망을 참아내는 불편함은 견뎌야 한다'와 같은 방식으로 학생들을 설득해야 할까요? 설사 미래의 삶을 위해서 현재 삶의 포기를 수용한 사람일지라도 그렇게 온갖 욕구를 참고 공부했을 때 펼쳐지는 미래가 장밋빛이라는 것은 어느 누구도 보장할 수 없습니다. 불확실한 미래에 더 좋은 사회적 지위와 명성을 목표로 설정하고 학생들을 확률 게임으로 내모는 것은 바람직하지 않습니다.

공부 역시 좋은 삶에 기여해야 합니다. 공부하는 과정과 결과 모두 좋은 삶의 일부가 되어야 합니다. 누군가 학창 시절을 참고 견디며 남들보다 많이 공부하여 훗날 원하는 것을 가지게 되었을 때, 과연 그의 삶을 행복하다고 단정할 수 있을까요? 심지어 타인의 눈에는 행복해 보일지라도 정작 자신은 자신의 삶을 좋다고 여기지 않을 수 있습니다. 때로는 자신이 추구한 삶이 순간의 쾌락이었다는 사실을 알아차리고 "아, 이게 행복이 아니었구나!"라며 자신을 후회하기도 합니다. 착각의 기간이 길었던 만큼 절망도 크겠지요.

이렇듯 우리는 삶의 여정 순간순간에서 만족과 희열을 느끼기도 하고 슬픔과 실패에 좌절하기도 합니다. 그러나 이런 만족, 불만족이 행복의 근원일 수 없습니다. 좋은 삶은 그러한 유형의 만족과 불만족의 총합으로 말할 수 있는 성질의 것이 아닙니다. 선생님께서 생각하는 좋은 삶이란 어떤 것인가요? 무엇을 진정으로 행복한 삶이라고 말할 수 있을까요? 공부를 왜 하는지의 물음은 좋은 삶이 무엇인지에 대한 물음으로 나아갈 수밖에 없습니다.

우리는 모두 사람이지만 어느 누구도 대체 불가능한 유일무이한 존재입니다. 사람으로서 공통된 속성을 지녔지만 타고난 개성이나 역량은 제각각 다릅니다. 그렇기 때문에 모두가 공유할 만한 좋은 삶을 정의내리기란 쉽지 않습니다. 그렇다고 해서 좋은 삶에 대한 답을 찾는 과정이 무의미하지는 않습니다.

사회적 관계나 지위, 경제적 수준, 가정환경 등이 유사한 두 사람을 떠올려 봅시다. 온갖 조건들을 비슷하게 갖추고 있다고 해서 이들이 느끼는 만족과 불만족의 정도가 유사하다고 말할 수 있을까요? 두 사람 자체가 근본적으로 다른 사람이라면 만족과 불만족에 대한 성향이나 강도도 다를 것입니다. 한 사람은 지극히 자신의 삶에 만족하며 더 좋은 삶을 탐구하는 모습을 보일 수 있고, 다른 한 사람은 자신의 삶에 불만족해 하며 채워지지도 않을 욕망의 그릇을 채우기 위해 끊임없이 노력하는 모습을 보일 수 있습니다.

더구나 두 번째 사람의 경우만 놓고 보더라도 그것은 우리가 관찰자의 입장에서 해석한 것일 뿐입니다. 밖에서 보기에 불행한 삶을 사는 것처럼 보여도 실제로는 자신이 행복하다고 느끼며 사는 사람도 있습니다. 그 반대도 있습니다. 무조건 둘 중 어느 한쪽이 맞다고 말할 수도 없는 노릇입니다. 어쩌면 우리 모두는 자신이 잘 살고 있다는 착각 속에서 살고 있을지 모릅니다.

너 자신을 알라

결국 우리 자신에게 좋은 삶이 무엇인지 알기 위해서는 먼저 내가 누구인지부터 알아야 합니다. 만약 우리가 우리 자신을 알지 못하면서 우리에게 좋은 게 무엇이고 나쁜 게 무엇인지 말한다는 것은 가당치 않습니다. 델포이 신전 벽면에는 "너 자신을 알라"라는 격언이 새겨 있습니다.

자신이 어떤 사람인지도 모르는 채 행복을 추구한다는 것은 이율배반적입니다. 앞에서도 말했지만 잘 살기 위해서 실행하는 온갖 행위들이 실제로는 '잘 삶'에 아무런 도움이 되지 않고 오히려 해가 될 수 있습니다. '나' 자신에 대한, 인간에 대한 이해가 선행되어야 인간에게 좋은 삶이 무엇인지 이야기할 수 있습니다.

한국사회에서는 자식만 바라보며 자신의 삶을 온전하게 살지 못하는 부모들이 있습니다. 자식의 성공을 바라며 가계 부담이 지나칠 정도의 비용을 지불해가며 사교육을 시키는 경우를 쉽게 볼 수 있는데요. 이러한 행동은 자녀의 공부 자체를 행복의 수단으로 보는 것이 아니라, 공부를 통해 사회적 지위나 명성, 경제적 부를 얻을 수 있다는 신념과 그것에 행복이 있다고 생각하는 오해에서 비롯된 것입니다. 자신이 누구인지도, 자식이 어떤 사람인지도 모르는 채 공부라는 수단을 통해 자식의 사회적 성공을 좇다가 불행에 빠지는 일은 없어야 하겠습니다.

학생 입장에서도 부모님의 뜻을 받들어 학교에서 맹목적으로 공부하고 있다면 문제가 있습니다. 교사의 맹목적인 가르침도 마찬가지입니다. 마치 물을 조금만 필요로 하는 식물에게 사랑을 준다고 착각하며 물을 듬뿍듬뿍 주는 행동과 같습니다. 최악의 경우, 식물을 죽이는 결과를 초래할 수 있습니다.

우리는 나 자신에 대한 이해를 토대로 타인에 대한 이해, 세계에 대한 이해로 나아가야 하며, 이러한 삶의 태도는 자신의 삶 전반에 드리워야 합니다. 자기 자신이 어떤 사람인지 알 때 비로소 좋은 삶을 영위할 수 있는 준비가 된 것입니다. 자신을 알기 위해 우리는 어떤 일을 할 수 있을까요? 그리고 이때 하는 많은 행위들을 무엇이라고 부르면 좋을까요? 바로 '공부'입니다. 자기 검토로서 공부는 적어도 자신의 삶에 있어서 삶의 목표가 무엇인지 명료하게 드러내줍니다. 공부가 무엇인지 묻는 것도 자신을 알아가는 과정이요, 자신의 삶을 아름답게 가꾸는 일입니다.

태어나서 학교에 입문하기까지 공부는 기성세대에 이끌려 진행된 타율적인 방식이었지만, 공부를 왜 하는지에 대해서 물음으로써 이제 학생들은 자신을 이해하려는 마음과 함께 자아실현을 위한 기초를 다지게 됩니다. 그 토대 위에서 비로소 공부는 참된 방향으로 나아갈 것입니다.

아포리아

그렇다고 해서 공부를 왜 하는지, 그리고 내가 어떤 사람인지 알고 난 이후에 공부를 시작해야 한다는 말은 아닙니다. 설마 그렇게 생각하는 사람이 있다면 우리는 영영 공부를 할 수 없을지도 모릅니다. 우리는 오히려 공부를 왜 하는지, 그리고 내가 어떤 사람인지 알기 위해서 공부를 한다고 보는 것이 맞습니다.

우리의 삶 전체가 그렇습니다. 우리는 우리의 의지와 무관하게 태어났고, 이미 세상에 내던져서 삶을 살아가고 있지만 어느 순간 자아개념이 형성되고 자신의 삶을 걱정하며 삶의 의미를 찾고자 노력합니다. 일상에 파묻혀 숨 가쁘게 살아가는 보통 사람들조차 집 앞을 산책하며 자신의 과거를 회상하고 어떻게 살아야 하는지를 스스로에게 묻습니다. 해답을 명쾌하게 찾지 못하더라도 이내 또다시 일상으로 돌아옵니다. 결론이 없는 결론이라고 할 수 있지요. 삶이라는 것이 그렇습니다.

결론이 없다고 해서 회의적일 필요는 없습니다. 우리가 자신에게 질문을 던지고 타인과 대화하는 것 자체로 의미가 있습니다. 왜냐하면 질문과 대화는 나 자신과 타인을 이해할 수 있는 가장 진솔하며 인간적인 방법이니까요. 선생님께서 학교에서 만나는 학생을 단순히 교육의 대상으로 보는 것을 넘어 인간적인 대화의 참여자로 받아들여야 하는 이유가 여기 있습니다.

흔히 좋은 수업의 한 예로 '질문이 있는 수업'을 꼽습니다. 그 질문은 학생들이 수업내용과 관련하여 궁금한 점이 발생하여 단순히 선생님께 여쭤보는 형태의 질문을 의미하는 것이 아닙니다. 그러한 방식의 질문이라면 오히려 선생님의 학습자 진단과 효과적인 수업 설계, 예상되는 질문 등을 고려하여 전개한 선생님의 수업으로 질문 자체가 없도록 이끌 수 있습니다. 이러한 방식의 교육적 관점은 조금 더 극단적으로 말하자면, 학생들의 질문이 없을 정도의 완벽한 수업을 상정하게 됩니다. 질문을 촉진하는 수업은 어떻게 가능할까요? 여기에 교사의 역할이 있습니다.

자신의 극복

학교에서 이루어지는 교육은 가르쳐야 할 교육내용이 있고, 그것을 가르쳐줄 교사, 그 가르침을 통해 교육내용을 습득해야 하는 학생이 있습니다. 이를 흔히 '교육의 3요소'라고도 합니다. 그런데 교과서에 담긴 내용이나 선생님께서 제시하는 일련의 교육 소재들은 대부분이 이미 있어온 것, 인류가 남긴 유산일 것입니다. 미래 삶에 필요한 역량을 키우는 교육을 추구한다고 하더라도 과거와 현재를 무시한 채 교육이 이루어질 수 없습니다. 적어도 인간은 태어나서부터 일정 기간 동안 성인의 보호를 받아야 하는 존재입니다. 이러한 특징은 개별 인간이 자신을 보호해주는 가족, 사회 내 구성원의 언어를 무조건 모국어로 받아들여야 하는 숙명에 놓이게 만듭니다. 그리고 모국어는 개인의 정체성뿐만 아니라 가치관에도 지대한 영향을 미칩니다.

촘스키(N. Chomsky)가 "언어가 사회를 지배한다"고 말한 것처럼, 인간은 모국어를 학습하는 과정에서 그 언어에 담긴 사고유형, 문화적 맥락도 고스란히 받아들이게 됩니다. 의식하느냐, 의식하지 못하느냐와 상관없이 우리 사고체계에 스며듭니다. 이것은 개별 인간의 고립화를 막고 공동체 안의 구성원으로서 삶을 영위하는 데 역할을 합니다.

그러나 우리가 학습한 지식이 때로는 극복해야 할 유산일 수 있습니다. 그래서 우리는 언어로 경계 지어진 인간의 사고를 무한히 확장할 수 있어야 합니다. 대부분 학교에서는 문명사적으로 보편적 가치가 있거나 실제 삶을 살아가는 데 도움이 되는 내용들을 중심으로 교육과정을 편성하고 가르칩니다. 그런데 이성적 능력이 아직 덜 발달한 어린 아이들일수록 교육내용을 무비판적으로 수용하게 됩니다. 안타깝지만, 이 내용을 얼마나 잘 수용했느냐가 공부를 잘하는 아이와 못하는 아이를 구분하는 척도로 쓰이는 것이 현재 한국 교육평가의 현실입니다. 이러한 교육 풍토에서 교사는 단순히 지식을 전수하는 기능적 존재로 규정되기까지 합니다.

학생들의 학습방식은 진보해야 합니다. 주어진 교육내용에 대해서 별 고민 없이 받아들이는 단계를 뛰어넘어야 합니다. 이제껏 자신이 지식이라고 믿어왔던 것을 포함한 일체의 지식에 대해서 비판해보는 자세를 가져야 합니다. 이미 자신이 학습한 지식조차 검토해야 합니다. 이러한 단계로 입문하는 첫 단추가 바로 '공부를 왜 하는가'라는 질문이 될 것입니다.

교사의 역할

지식에 대한 무조건적인 받아들임은 진정한 배움이라고 볼 수 없습니다. 그것이 자신에게 온전한 지식으로 내면화되기 위해서는 학생 자신이 던진 질문에 대해서 스스로 답변을 찾아야 합니다. 궁극적으로는 배워야 할 내용에 대해서도 스스로 찾아나서는 능동적인 존재가 되어야 합니다. 교사의 역량은 질문에 대한 답을 갖고 있는 데 있지 않습니다. 때로는 교사가 공부를 하는 이유에 대해서 학생이 납득할 만한 설명을 해주지 못할 수도 있습니다. 하지만 교사는 그 질문에 조금 더 지혜롭게 대처하여 학생을 참다운 공부의 상태로 초대할 수 있습니다. 교사의 진가는 이 지점에서 발휘되어야 합니다. 학생들이 바람직한 지적 탐구의 여정에 입문할 수 있도록 동인이 되는 것만으로도 교사의 가르침은 절반 이상 성공한 것입니다.

참된 교육이 일어나기 위해서는 학생뿐만 아니라 교사 역시 무지에 대한 자각이 필요합니다. 이는 교사가 갖춰야 할 일종의 덕목으로서 우리를 지적 거만함으로부터 벗어나도록 해줍니다. 교사의 전문성은 교사가 가진 교과 내용에 대한 지식에만 있는 것이 아닙니다. 만약 교사가 학생들이 교과 내용 지식에 대해서 공부할 수 있는 동기가 되어주지 못했다면 그 지식은 학생들에게는 아무런 쓸모가 없는 것으로 남게 될 수 있습니다. 교사는 학생들과 지식을 함께 탐구하고 질문을 던지면서 학생들의 사고를 촉진시켜야 합니다. 이때 질문을 하는 사람과 답변을 하는 사람이 따로 있는 것이 아닙니다. 교사의 질문이든 학생의 질문이든 그것은 모두 진리를 탐구하는 맥락에 있어야 합니다.

한편, 학생들은 아직까지 경험하지 못한 지식을 교실 수업의 과정에서 경험할 수 있어야 합니다. 그 수혜자는 학생만이 아니라 교사도 됩니다. 왜냐하면 교사에게도 기존의 경험에 더해 그것은 새로운 학생과의 새로운 활동을 통해 깊어진 지식이 되기 때문입니다. 이 상황이야말로 학생과 교사 모두에게 진정한 배움이 일어나는 것입니다. 이를 위해서 선생님은 학생들을 각각 개별 성장의 주체이자 자기 정신의 소유자로서 언제나 수업 시간 내내 대화에 참여할 수 있는 대상으로 여겨야 합니다. 또한 학생의 성장 가능성을 믿고 그들의 자율적인 판단을 존중하고 그에 따른 책임을 질 수 있도록 지도해야 합니다. 이는 바람직한 민주 시민의 모습이기도 합니다.

수업에서 교사가 지녀야 할 핵심 역량은 학생들의 논리적·비판적 사고를 독려할 수 있는 방향으로 대화를 이끌어 갈 수 있는 능력입니다. 교사는 학생들에게 지식을 전수해주는 것이 아니라 학생 스스로 지식을 이해하게 하는 원인이 되어야 합니다. 이것은 교사가 된 순간부터 지녀야 할 소명입니다. 또한 교사는 자신이 누구인지도 모르는 채 또 다른 사람을 가르쳐야 하는 일을 해야 하는 막중한 책임을 지닌 숙명적 존재이기도 합니다.

좋은 학교

학교는 배움이 일어나는 공적 공간입니다. 그리고 교사와 학생 사이 만남의 특수성은 학교라는 개념에 이미 내재해 있습니다. 학교는 여러 학생과 교사들이 모인 배움의 공동체입니다. 자신과 다른 성장 가능성을 가진 또래의 다양한 친구들이 모여 생활합니다. 그만큼 질문의 발생 가능성이 높습니다. 이러한 환경은 공부하기에 더없이 좋은 조건입니다. 민주주의를 배울 수 있는 최적의 장입니다. 학생들은 친구들을 사귀며 자신과 다른 배경에서 다른 성장 과정을 거치며 자란 친구들의 삶을 이해하게 됩니다. 또한 그 과정에서 자신의 삶을 이해하기도 하며, 반대로 나와 상호작용하는 친구들은 나의 모습이 동인이 되어 그들 자신의 삶을 변화시킬 수도 있습니다.

현재의 학교들이 이런 역할을 제대로 하고 있는지 걱정됩니다. 선생님이 근무하는 학교는 학생들의 비판적 사고를 독려하는 방향으로 교육이 이루어지고 있습니까? 학생들 간에 대화가 유의미하게 이루어지고 있나요? 안타깝게도 제가 보기에 한국 교육은 사색의 틈이 너무 없습니다. 평가만 봐도 쉽게 알 수 있습니다. 여전히 중·고등학교에서는 전통적인 선택형 문제로 학생의 학습 결과를 측정하고 있습니다.

이러한 교육평가가 횡행할 때 학생들은 서로가 대화의 상대가 아닌 경쟁의 상대가 되며 공부는 위기지학(爲己之學)이 아닌 위인지학(爲人之學)을 노정하게 됩니다. 공교육이 직면한 학생 선발이라는 측면을 인정하더라도 현재의 교실 수업은 기술적인 정답 찾기에 너무 치우쳐 있습니다. 수업 시간에 책상에 엎드려 잠자고 있는 학생들을 탓해야 할까요?

교사는 학교 구성원들과 함께 학교를 지적 탐구가 만연한 공동체로 만들기 위해 노력해야 합니다. 학생들이 서로 대화하면서 지식의 의미를 찾고 자신과 그 지식 사이의 관계를 이해하도록 도와야 합니다. 지속적인 탐구의 과정과 대화 그 자체가 학생을 성장으로 이끌 것입니다. 지금 이 순간에도 눈뜨면 학교 가고, 종이 울리면 교과서를 펴며 인내의 시간을 보내고 있는 학생들과 마주하고 있는 선생님들께 진심으로 묻고 싶습니다. 공부는 왜 하나요? 이 질문은 가르침과 배움이 일어나는 학교생활 전반에 드리워져야 하는 삶의 근본적인 물음입니다.

만남 이후

오랜 방황의 시기를 겪고 우여곡절 끝에 졸업한 교육대학 생활, 어느덧 10년이 훌쩍 넘은 나의 교직생활을 돌아본다. 늘 주어진 제도를 충실히 따르며 남들과의 경쟁에서 앞서기 위해 맹목적으로 공부했다. 교사가 되기 전에는 학점을 위한 공부, 임용시험에 합격하기 위한 공부였고, 교사가 된 이후로는 승진에 유리한 공부, 내 이름을 알리기 위한 공부가 대부분이었다. 공정성과 객관성을 지켜야 하는 사회의 평가체계에 발 빠르게 적응하며 정답을 찾기 위해서 공부했다.

그렇게 교육환경에 순응하며 지내 온 나의 교직생활에서 교사로서의 참다운 삶은 무엇인지와 같은 실존적 물음은 설 자리가 없었다. 나는 좋은 선생님인가? 진정 행복한 교사인가? 또 그 길을 가고 있는가? 가르치고 배우는 일의 가치를 떠올려본다. 이러한 고민의 시간이 나의 공부 전반에 드리웠어야 했는데 그러지 못했음을 반성한다. 학생들을 참다운 공부의 세계로 이끌어주어야 하는 위치에 있으면서 정작 내 스스로가 공부에 있어 모범이 되지 못했다.

쳇바퀴 돌 듯 일 년 단위로 반복되는 학생과의 만남과 이별, 교육과정의 준비와 학생

평가 등은 해를 거듭할수록 무미건조해졌다. 이제 다시 처음으로 돌아갈 때다. 나는 질문하는 교사가 되기로 마음먹었다. 교사로서 맞이하는 교육의 일상을 새롭게 바라보고, 진지하게 질문하며 사유하는 교사로 거듭나야겠다.

만남의 의미

부버와 만나다

마틴 부버(Martin Buber, 1878~1965)
부버는 현대인들의 잃어버린 인간의 본래적인 모습을 나와 너의 만남을 통해 회복하고
자 했다. 부버의 사상은 신학, 철학, 정치학, 교육학 등에 걸쳐 두루 연구되어 왔으며 그
의 사상을 집약적으로 나타내는 표현은 '만남의 철학', '관계의 철학'이다.

"참된 삶은 만남이다."

- M. Buber -

마음 열기

올해도 어김없이 2월이 찾아왔다. 5년간 함께 했던 학교를 떠나 새로운 학교로 옮기게 되었다. 새로운 환경에 대한 낯설음과 1년을 같이 생활한 아이들과 동료 교사를 보내기도 하고 맞이하기도 하는 씁쓸함이 공존하는 2월이 나에게는 잔인하기만 하다.

오늘은 또 다른 만남을 준비하는 새 학년 준비 기간 첫 날, 올 한해 같이 생활하게 될 선생님과 아이들이 누구인지 알게 되는 날이다. 학년이 발표되고 4학년을 함께 할 동료 교사 여덟 명이 연구실에 모여 인사를 나누었다. 새로 옮긴 학교라 어색하면서도 1년의 시간을 함께할 선생님이 어떤 분인지, 학년 분위기는 어떠한지 살피게 된다. 이렇게 새로운 선생님과의 만남이 시작된다. 여덟 개의 봉투를 책상 위에 두고 선생님들과 같이 모여 앉았다. 떨리는 마음으로 잡은 하나의 봉투, 그리고 그 봉투가 열리는 순간 가장 먼저 눈에 들어온 것은 아이들의 이름보다 '기초학습부진', '다문화 가정' 등 비고란에 적힌 글자들이었다.

8번 김유나: 등교 거부, 교우관계 유의.

　　오후에 유나의 3학년 담임선생님께서 나를 찾아오셨다. 지난 3년간 유나의 학교생활, 교우관계 문제 등등 유나와의 1년 생활에 참고할 만한 내용들을 쏟아 놓으셨다. 아직 만나보지도 못한, 얼굴도 모르는 유나에 대해 쏟아지는 정보와 주변 선생님들의 걱정과 위로의 말들이 나를 혼란스럽게 했다.

　　언제부턴가, 아니 발령받은 첫해부터 새로운 만남에 대한 두려움이 생겼다. 매해 교사들은 동료 교사와 새로운 아이들, 아이들의 부모님까지 100여 명에 가까운 사람들을 만난다. 새 학년 첫 날, 아이들도 '담임선생님은 어떤 분일까?'라는 걱정 또는 '좋은 선생님이면 좋겠다'라는 바람이 있을 테지만 교사인 나도 '우리 아이들은 어떤 아이들일까?', '학부모님들은 협조적이며 좋은 분들일까?'라는 설렘 반 걱정 반으로 교실 문을 열고 들어선다. 매해 가지는 이 두려움을 설렘으로 바꿀 수는 없을까? 특히 올해는 개학 첫 날 유나를 온전하게 만날 수 있을까 걱정이 된다.

　　수많은 만남과 헤어짐의 반복 속에 나의 마음에 남아있는 만남은 몇 번이나 되는지 생각해본다. 기억에도 남아 있지 않은 만남이 있는가 하면 지금도 계속되는 만남, 마음속에 남아 있는 만남이 있다. 초등학교 때 엄청 싸웠던 친구는 많은 시간이 흘렀음에도 불구하고 기억에 남아 있는데, 대학교 같은 과 친구 중에서는 기억이 가물가물한 친구도 있다. 10년 전 6학년을 같이 했던 선생님 일곱 명은 지금도 1년에 두 번의 만남을 이어가고 있지만 지난해 동 학년이었던 선생님은 같은 학교에 근무해도 다른 학년의 담임을 맡게 되니 교류도 적어지고 만남도 줄어들었다.

같은 만남이라 생각했는데 다른 의미의 만남이었나 보다. 이러한 차이는 어디에서 오는가?

부버가 말하다

부버는 오늘날 현대문명의 위기상황 속에서 잃어버린 인간의 본래적 모습을 '나'와 '너'의 인격적 '만남'을 통해 회복하고자 했다.

부버의 철학은 깊은 진리를 간결하고 은유적으로 표현한 아포리즘(aphorism)형식을 띠고 있다. 그래서 일반인이 다소 이해하기 어렵고 사람마다 서로 다르게 해석하는 경우도 있다. 그렇지만 부버가 주장하는 '나·너' 관계로 나아가려는 태도, 타자를 진정으로 대하려는 자세, 전인적 인격 형성의 중요성, 인격적 만남의 중요성 등은 지금 우리 교육의 소외문제, 학교폭력, 교권침해, 성적 지상주의와 같은 문제를 해결하는 데 실마리를 제공하고 있다.

설렘이 있는 만남

두근거리는 마음으로 교실 문이 열리고 첫발을 들여 놓는 순간, 책을 보고 있는 아이, 친구와 술래잡기를 하며 교실을 가로지르며 장난치는 아이, 친구와 수다 삼매경에 빠져 있는 아이들이 일제히 선생님을 바라봅니다. 선생님의 소개를 마치고 한 해 동안 같이 생활할 아이들의 이름을 부르며 한 사람 한 사람 눈을 마주치며 얼굴을 봅니다. 이 순간 선생님과 아이들은 일 년 동안 함께 잘 지내기를, 행복하기를 바랍니다.

사람이 살아간다는 것 즉 존재한다는 것은 다른 사람과 사물의 세계 속에 연결되어 있다는 것입니다. 사람은 누구나 자신이 만나는 세계에 주체적으로 참여하고 의미를 구성합니다. '나'는 '너' 또는 '그것'과 관계를 맺고, 그 관계 속에서 살아가는 존재입니다.

『아낌없이 주는 나무』에서 소년과 나무는 서로가 서로에게 '너'인 존재였습니다. 주인공 소년은 커서 나무와 다른 세상을 만나게 됩니다. 그 세상은 '나-그것'의 세계이며 그곳에서 쓰러지고 패배할 때마다 '나-너'의 관계를 맺었던 나무를 찾아옵니다. 이제 나무는 주인공 소년에게는 더 이상 '너'가 아닙니다. 단지 세상을 살아가는 유용한 수단으로서 '그것'일 뿐입니다. 하지만 나무에게는 그 소년이 여전히 '너'인 존재로 모든 것을 내어 줍니다. 이야기 속 나무와 소년의 관계처럼 소년인 '나'가 대상인 나무에 대해 갖는 태도에 따라 '나'와 만나는 그 대상 나무가 '그것'이 될 수도 있고 '너'가 될 수도 있습니다.

이처럼 인간이 세계에 대해 가질 수 있는 두 가지 관계는 '나-그것'의 관계와 '나-너'의 관계가 있습니다. '그것'은 단순히 사물만을 지칭하지는 않습니다. '그것'은 나와 마주한 대상을 객체로 인식하고 소유하고 이용하는 경험의 대상으로 바라보는 것으로, 이는 인간이나 정신적인 존재도 포함될 수 있습니다. 반면에 온 존재를 기울여 만나는 '너'는 인간뿐 아니라 사물, 자연, 정신적 존재일 수도 있습니다. 선생님의 눈앞에 있는 작은 꽃 화분이

그냥 하나의 식물일 수도 있으며 마음을 안정시켜주는 의미 있는 꽃이 될 수도 있습니다. 또한 선생님이 마주하는 그 사람이 그냥 그 사람일 수도 있으며 특별한 존재인 그 사람이 될 수도 있습니다.

우리는 '나-너'의 관계, '나-그것'의 관계를 넘나들고 있으며 이 세상을 살아가기 위해서는 '나-그것'의 관계도 반드시 필요합니다. 그러나 현대의 비인간화는 '나-그것' 관계의 계속적인 증가로 발생되는 현상으로 교육현장에서도 교권침해, 학교폭력, 성적 지상주의 등의 문제로 나타나고 있습니다. 교사와 학생, 교사와 학부모 사이에 신뢰감이 없으며 서로에 대한 불신과 불만을 토로하면서 서로 각자의 입장만 말할 뿐, 경청하지 않고 있습니다. 또한 나보다 약한 자를 함부로 대하고 무시하는 등 타인의 인격을 소중히 여기지 않아 학교폭력이나 집단 따돌림 현상이 심각하게 나타나고 있습니다. 아이들은 공부 이외에도 태도, 가치관 등의 중요 덕목들을 갖추어 나가야 하는 시기임에도 불구하고 현실은 성적이 학생을 평가하는 기준이 되며 서열화하고 있어 많은 문제점들을 양산하고 있습니다. 이러한 교육현장에서 '나-그것'의 관계는 생동감이 넘치고 배움으로 가득한 교실, 앎 속에서 기쁨을 찾는 학생, 교사와 학생, 학부모가 서로 신뢰하는 '나-너'의 관계로 전환이 되어야 합니다.

『어린왕자』에서 여우는 어린왕자에게 길들여짐을 '서로 관계를 맺다'라는 말로 설명합니다.

"나한테 너는 다른 모든 아이들과 같은 그저 한 소년에 불과해. 네가 보기에는, 나 역시 모든 다른 여우들과 똑같은 여우야. 하지만 네가 날 길들이면, 우린 서로 필요하게 되지. 너는 내

게 이 세상에서 하나밖에 없는 소년이 되고, 나 또한 너한테 세상에서 단 하나뿐인 여우가
되는 거야."

— 생텍쥐페리, 『어린왕자』

우리는 자연과 사물, 사람, 정신적 존재의 세 삶의 영역에서 '나-너'의 만
남의 관계를 맺을 수 있습니다. 그 중에서 '너'라는 말을 건넬 수도 있고
받을 수도 있는 사람과의 만남은 언어를 통해 소통이 가능하고 서로의 다
름을 전제로 상대를 있는 그대로 받아들이는 인격적 관계입니다. 나-너의
인격적 관계에서 학생은 교사로부터 자기의 의미를 발견하고 나아가 새로
운 존재로 성장해 가는 동력을 얻습니다. 교사 또한 그 학생의 존재를 통
해 만남의 기쁨을 느낄 수 있습니다. 이러한 인격적 관계는 교사와 학생이
교육적이고 긍정적인 관계를 형성하고, 교사와 학생 모두 행복한 학교로
만듭니다. 교사는 아이들을 '나-너'의 '너'로 만나야 합니다. 그러면 우리의
만남은 두려움이 아닌 설렘이 될 수 있지 않을까요?

'꼬리표'를 달고 온 유나와의 만남

'나-너'의 만남은 상대를 있는 그대로 받아들이는 인격적 만남입니다. 선생
님은 여러 만남 중에서 유나와의 만남이 더욱 두렵다고 하셨습니다. 그런
선입견을 가지고 유나를 만난다면 행동교정에만 집중하게 되고 유나의 삶
을 온전히 이해하는 데 하나의 장애가 될 수 있습니다. 만남 이전에 다른
사람에게 전해들은 이야기들은 편견을 갖게 하고 본질을 보고자 하는 교
사의 눈을 가리게 할 수도 있습니다.

'나'와 '너'의 관계에서 '말하는 것'은 단순한 말의 전달이 아니라 타자와 직접적인 만남을 통해 서로의 존재를 존중하고 생각을 이해하며, 다름을 수용하는 의미 있는 대화를 뜻합니다. 선생님이 교사로서 주어진 업무의 틀에 맞추어 경직되고 일상화된 의미만을 아동에게 전달한다면 그 관계는 '나-그것'의 관계가 되어버립니다. 교사의 말에 친근함을 담아낸다 할지라도 아이들은 선생님이 진심으로 자신에게 다가올 때와 그렇지 않을 때를 구별할 수 있습니다. 아이들에게 선생님은 늘 진심을 담은 말을 건네야 합니다. 대화를 통해 '나'와 '너'는 각자 개별적인 존재로서 다름을 인정하고 나아가 서로에 대한 존중이 충만할 때 '나'는 '나' 자신과 동시에 '너'에 대해 온전하게 이해하게 됩니다.

의미 있는 관계 맺음의 대화는 영화 〈굿 윌 헌팅〉(1997)에서 잘 나타납니다. 천재적인 두뇌를 가졌지만 반사회적 성향이 강한 청년 윌 헌팅은 자신이 모든 걸 다 안다고 생각했기 때문에 선생님이라는 존재가 필요 없었습니다. 하지만 윌은 숀과의 대화를 통해 자신이 다 안다고 자부하던 것이 흔들리게 되고, 숀에게 점점 마음을 열고 자신의 이야기를 시작하게 됩니다. 서로의 존재를 존중하고 다름을 수용함으로써 진정한 대화가 이루어진 것입니다. 또한 숀은 어릴 적 트라우마로 고통 받는 윌에게 "네 잘못이 아니다"라는 따뜻한 말을 건네며 마음의 빗장을 풀게 합니다.

사람이 어떤 행동을 했을 때에는 그만한 이유가 있다고 합니다. 유나의 문제가 유나의 잘못만은 아닙니다. 유나를 학교에 적응하지 못하는 아이, 교우관계 형성이 어려운 아이로 바라보기보다는 유나로부터 유나 자신의 이야기를 할 수 있게 해 주세요. 형식적인 언어 전달이 아닌 유나의 말에 귀 기울이고 유나의 이야기를 수용해 주면서 온 존재를 기울인 진정한 대화를 통해 유나를 바라보십시오. 서로 인격적인 존재로서의 참된 의미 있는 만남이 가능해질 것입니다.

유나와의 만남 그 이후

새 학년 첫 날, 인사를 나누고 소개하는 시간을 가졌다. 이름만 말하고 앉는 아이, 부끄러워 목소리가 기어들어 가면서도 자신을 소개하는 아이, 우렁찬 목소리와 표정으로 자신의 존재감을 표시하는 아이까지 모두 눈을 마주치고 인사를 나누었다. 유나는 자신의 이름만 말하고 앉았다. 걱정과는 달리 학급세우기 활동을 하며 2주의 시간이 잘 지나갔다. 유나는 조용했지만 작년에 같은 반이었던 보경이와 잘 지내는 듯 보였다. 3주 차 월요일 아침 유나 아버지로부터 유나가 아파서 학교에 오지 못한다는 문자가 왔다. 이 문자를 시작으로 3일 결석을 하였다. 3일이 5일이 되고 하루 겨우 나오고 나면 또 다시 3~5일이 결석이 이어졌다. 유나 부모님을 만났지만 지난 3년 동안 들어왔던 똑같은 말과 수많은 상담을 통해 지쳐 계셨고, 유나 또한 수없이 들어왔던 말이라 그런지 선생님과 부모님의 회유와 협박성 으름장에도 반응을 보이지 않았다. 유나를 만나기 위해 아침마다 유나의 집으로 출근하였다. 학교 가자고 강요하지는 않았다. 유나와 일상의 이야기를 나누고 그냥 혼자 오기를 일주일이 지나자 유나가 같이 학교로 나서기 시작했다. 그렇게 학교를 나오던 유나가 보경이와 문제가 생기면서 다시 결석이 시작되었다. 유나와 이야기를 나누기 위해, 바쁜 아침보다는 학교를 마친 오후 시간에 유나를 찾아갔다. 주로 집 근처 공원을 함께 산책하며 학교에서 있었던 일, 유나의 애완견인 초코와 집에 키우는 앵무새에 대해, 유나의 꿈과 요즘 관심 있어 하는 것 등등 이야기를 나누었다. 그러기를 몇 주 지나자 유나가 부모님에 대한 자신의 생각을 말하기 시작하였다. 부모님 사이가 좋지 않을 때는 자신을 버리고 가실까 봐 불안

했고 학교에서도 보경이가 자신을 두고 다른 친구와 이야기를 나누면 자신이 버려질까봐 두려웠단다. 유나의 불안은 쉽게 사라지지 않았고 학교를 오지 않는 날도 여전했다. 그렇지만 유나는 결석하는 날에는 오늘 왜 학교에 올 수 없는지, 자신의 마음이 어떠한지 나에게 이야기하기 시작했다. 3일을 결석하고 등교한 4학년 마지막 날, 유나가 건네준 편지는 부버가 말한 만남의 의미를 한 번 더 생각하게 해 주었다.

선생님
그동안 선생님 속상하게 해 드려 죄송해요.
선생님이 저를 학교 오지 않는 나쁜 아이라 하지 않아서 좋았어요.
선생님이 학교에 가자고 하지 않아서 좋았어요.
선생님이 저를 믿어 줘서 좋았어요.
선생님 건강하세요.
유나 올림

교사의 이름 불러주기

교육은 교사의 기호에서 비롯되는 선택으로 이루어지는 것이 아닙니다. 교사는 교실에 들어섰을 때 자신의 눈앞에 있는 다양한 아이들을 편견과 편애 없이 맞이하여야 합니다. 교육자는 아동을 발견할 뿐이지 선택하지 않습니다. 아동은 교사 선택권 밖에 있는 존재들로서 개인적인 성장과 성취인 창조자 충동과 다른 이와 관계를 맺고자 하는 교감의 충동을 가지고 있습니다. 이러한 아동의 기본 특성은 어느 하나가 더 중요하다고 볼 수 없으며 함께 가꾸어야 합니다. 교사는 창조자 충동과 교감의 충동을 바탕으로 아동의 개성적 자아의식과 관계능력이 성장해가도록 잘 가꾸어 주어야 합니다.

아동은 하나하나 살아 움직이는 무한한 가능성의 실재이며 교육 또한 실재가 되어야 합니다. 같은 교실에서 같은 공부를 하는 아이들일지라도 같은 내용을 배우게 되는 것은 아닙니다. 똑같은 상황에서도 아이들은 다른 말을 듣고 다른 대답을 합니다. 아동들 주변에 있는 모든 것, 모든 세계가 아동을 교육합니다. 교사도 그 세계 요소 중의 하나입니다. 주변의 부모님, 친구들, 선생님이 그리고 나무가, 하늘이, 자전거가, 술래잡기놀이가, 즉 자연이자 사회인 세계가 아동들에게 영향을 미치게 되며 아동들은 이러한 여러 요소에 의해 교육을 받게 됩니다. 따라서 교사는 아동에게 영향을 주는 수많은 요소 중 일부임을 아는 겸손함을 지녀야 합니다. 동시에 그 수많은 요소 중 유일히게 의지를 가진 존재라는 책임감을 지녀야 합니다. 교사는 아동 교육 과정에 의지를 가지고 참여하는 존재로 세계의 여러 다른 요소들과는 다릅니다. 의도적 교육을 하는 존재로서 아동이 자신의 충동을 잘 키워 갈 수 있도록, 아동 성장에 도움이 되는 세계가 되어 주어야 합니다.

포용의 교육이 이루어져야 합니다. 포용의 교육이란 '나-너'의 관계이면서 동시에 일방적 포용의 성격을 지닙니다. 교사는 가르치는 입장과 배우는 학생을 동시에 이해하지만, 학생은 교사의 입장을 경험할 수 없습니다. 즉 교사는 학생에게 현재 무엇이 필요하며, 이에 대해 교사 자신이 할 수 있는 것이 무엇인지 동시에 포용할 수 있습니다. 교사가 학생이 드러내는 삶을 포용하면 학생도 스스로를 개방하여 상호포용적인 관계로 나아갈 수 있게 됩니다. 이를 위해 교사는 신뢰감 있는 태도, 개방적 태도, 상처를 받아도 모험을 시도할 수 있는 태도를 유지해야 합니다. 교육의 일차적 목적은 지식을 전달하는 데 있는 것이 아니라 학생들의 인격적인 성장과 변화를 이끌어 주는 데 있습니다. 그렇기 때문에 교사와 학생이 '나-너' 관계이면서 포용의 관계를 유지하는 것은 전인적 교육을 위해서 중요합니다. 교사가 학생을 '너'로 바라보며 포용하기 위해서는 교사의 인격이 선행되어야 하며 늘 모범을 보이는 태도를 유지하는 것도 중요합니다.

교사가 학생을 인격으로 대하면, 이를 통해 학생은 교사가 자기를 인격으로 대하고 있음을 확인하고 느끼고, 확인한 학생은 교사를 신뢰하게 됩니다. 그리하여 묻고 배우는 참된 학습이 성립됩니다.

내가 그의 이름을 불러주기 전에는

그는 다만

하나의 몸짓에 지나지 않았다.

내가 그의 이름을 불러주었을 때

그는 나에게로 와서

꽃이 되었다.

— 김춘수, 『꽃』

'하나의 몸짓'에 불과한 것을 생명을 갖춘 '꽃'으로 변형시키는 것은 교사의 '이름 불러주기'에서 비롯됩니다. 이름을 불러주는 것 즉 인격적 교감을 통해 나는 너에게 너는 나에게 잊히지 않는 하나의 의미가 될 수 있습니다. 선생님이 먼저 이름을 불러주는 의지와 노력을 보여주십시오. 그러면 나와 너의 만남이 시작될 것입니다.

만남 이후

40년을 넘게 한 지역에서만 살다가 작년에 세종으로 옮겨왔다. 모든 것이 낯설고, 많은 사람들과 새로운 관계를 맺어야 하는 이곳에서의 삶은 나를 예민하게 만들었고 긴장하게 만들었다. 일 년의 시간을 되돌아보면 지난해 개교한 우리 학교 대부분의 학생, 학부모, 동료 교사들도 나와 같은 마음이었으리라고 본다. 서로에 대해 잘 알지 못하는 상태에서 나만 손해 보는 것은 아닌지, 나만 소외되고 있는 것은 아닌지 걱정하며 경계하였다.

늘 긴장한 나에게 먼저 다가와 말을 건네주고 내 말을 스스럼없이 들어준 선생님이 있다. 한 선생님과의 만남은 나의 날카로움을 부드럽게 해 주었으며 이곳에 쉽게 적응할 수 있도록 도와주었다. 한 선생님과의 만남이 부버가 말하는 '나와 너'의 만남이었다. 나는 우리 학교 학생, 학부모에게도 한 선생님과 같은 존재였을까 생각해본다.

우리는 가르치는 입장과 배우는 학생을 동시에 이해할 수 있는 교사이다. 빗방울 한 방울 한 방울이 바위를 뚫듯이 넓은 마음으로 학생의 마음을 받아들이고 이해한다면 우리 아이들도 마음을 열고 선생님을 맞이하는 나와 너의 만남이 시작될 것이다.

교사의 존재와 교육적인 상황

매넌과 만나다

맥스 밴 매넌(Max Van Manen, 1942 ~)

교육을 현상학으로 접근하여 교육학(Pedagogy)을 해명하는 현상학적 해석학자이다. 교사와 아이들이 만나는 교육현장을 대상으로 연구를 하였고 '교육적인 것'을 밝히고자 하였다. 매넌은 교육은 분위기는 타는 활동이라 하였고 이 분위기를 교육적인 현상으로 바꾸는 것이 교사의 역할이라고 말한다. 오늘날 매넌의 연구는 교육을 '에듀케이션(Education)'으로 바라보는 과학적, 공학적 시각에서 교육을 '페다고지(Pedagogy)'로 보는 인간학적, 문화적으로 관점으로 바라볼 수 있도록 도와준다.

"교사는 교육을 고민하는 사람, 교육을 생각하는 사람이다."

- M. V. Manen -

마음 열기

초등학교 1학년 교사인 나에게 고민이 하나 있다. 어쩌면 이 고민은 시간이 지나 해결될 수도 있겠지만 반대로 해결하지 못할 수도 있을 것 같다. 나 스스로 이 고민을 몇 문장으로 말하고자 한다면 '나는 교사가 맞는가, 교사라 할 수가 있는가?, 교사는 무엇일까?'라고 표현할 수 있겠다. 점점 교사로서 살아갈 힘이 없어지는 것 같다. 나는 왜 이런 고민에 빠져 스스로 힘을 잃어가고 있을까? 이렇게 내가 힘이 빠지고 교사로서의 나를 외면한다면 행여나 아이들에게 그 피해가 돌아갈까 걱정이 된다. 이 상황을 하루라도 빨리 벗어나고 싶다.

돌이켜보면, 나의 고민은 특정한 사건으로 생겨나지 않았다. 내가 생각한 교사의 모습과 실제 학교 현장에서의 모습이 계속해서 충돌하였고, 그 속에서 교사로서의 내 모습이 사라져 가고 있었다. 내가 되고자 했던, 되고 싶었던 교사로서의 모습은 무엇이었을까?

학교에서의 내 모습은 교사라는 이름의 포장 아래 다양한 모습으로 공존하고 있다. 아이들을 열심히 가르치고 개개인이 갖고 있는 힘을 끌어내고자 하는 교사의 모습, "선생님 아파요"라고 수없이 말하는 아이들을 보살펴주고 치료해주는 의사의 모습, 친구들과 다투거나 힘들어 할 때 이야기를 들어주고 마음을 공감해주는 상담사의 모습, 주변 사람에게 피해를 주거나 다치게 할 때, 어디서 무엇을 어떻게 했는지 꾸중하고 조사를 하는 경찰관의 모습, 밥 한 숟갈이라도 더 먹이려고 노력하는 부모의 모습, 시시비비를 정확하게 판단하고 가려내서 엄벌을 내려주는 재판관의 모습, 행여 다치지는 않을까 매번 노심초사 하는 안전지킴이의 모습, 아이들 앞에서 체육, 음악, 미술 등 모든 면에서 수준급의 실력이 있어야 하는 예술가의 모습, 아이들의 물건을 고쳐주는 만능 수리공의 모습, 화도 나고 기분도 나쁠 때도 있지만 항상 웃으며 친절하게 대해줘야 하는 안내원의 모습 등 수없이 많은 모습들 속에서 내가 생각하고 있는 '학생들을 가르치는 교사'로서의 본질적인 모습과 충돌하고 있는 것이다.

'학생들을 가르치는 교사'로서의 본질적인 모습은 구체적으로 어떤 모습일까? 이 질문을 할 때마다 나는 고등학교 문학 선생님이 떠오르곤 한다. 당시 선생님은 정년퇴임이 3년도 남지 않은 원로 교사셨고, 엄청난 수업기술이 있는 것도 아니었다. 선생님께서는 평소 해박한 지식을 가지고 계셨지만 그 지식들을 우리에게 강조하지 않으셨다. 단지 다른 선생님들과 큰 차이점이 있다면 우리(나를 포함한 같은 고등학교 친구들)의 마음에 충분히 공감해주셨다. 말로 표현할 수 없는 그 인간적인 공감이 나에게 큰 힘이 되었다. 정년퇴임이 3년도 남지 않은 선생님께서 마치 고등학생으로 돌아가 우리에게 공감하고 이겨낼 수 있는 힘을 채워주셨던 것이다. 나는 교사로서 나의 고등학교 문학 선생님처럼 그렇게 학생들을 가르치는 교사의 본질적인 모습을 추구해왔다.

하지만 실제 학교 현장은 사뭇 달랐다. 교사에게 요구되는 것은 너무나도 많다. 마치 세상의 모든 직업들의 역할과 가치를 교사에게 요구하고, 그것들은 꼭 해야만 하는 것처럼 느껴진다. 학교 현장에 대한 충분한 고민 없이 외부에서는 교사를 점점 만능으로 만들려고 한다. 학교 밖에서는 교사에게 다양한 연수 프로그램을 제공하고 있지만, 특정한 방법과 프로그램만으로는 아이들과 수없이 마주하는 복잡한 상황들을 설명할 수 없다. 하나의 방법적인 요소일 뿐이지 해결책은 아닌 것이다.

매넌이 말하다

교사는 어떤 사람일까? 교사는 어떤 모습으로 살아가야 할까?

이와 관련하여, 매넌은 '교육적인 것'에서 그 해답을 찾고자 하였다. 매넌은 교사는 어떤 모습으로 살아가야 하는지, 매순간 마주하는 상황을 어떻게 교육적 상황으로 풀어갈 수 있을지 교육을 현상학적으로 접근하여 해명하였다. 매넌의 '교육적인 것'에 대한 해명은 교사의 존재에 대한 접근을 통해 교사의 존재와 교육적인 상황을 과학적, 공학적으로 바라보는 시각에서 벗어나 인간학적, 문화적으로 바라볼 수 있도록 도와준다.

교사가 만나는 상황

한국에 적용되고 있는 교육학은 전반적으로 과학적, 심리학적, 공학적 접근을 취해 왔습니다. 그러나 저는 교육학(Pedagogy)을 어린이 인간학의 관점으로 접근하였고 교육이 일어나는 현상들을 대상으로 연구하고 있습니다. 연구를 통해 '교육적인 것'이 교사에게 어떤 의미로 다가가야 하는지, 교사는 어떤 사람이고 교사가 하는 교육이 무엇인지 해명하였습니다.

선생님이 갖고 계시는 고민들은 인간이라면 누구나 갖는 것입니다. 인간은 다른 존재들과 계속해서 관계 맺으며 살아갑니다. 때로는 그런 상황들이 독자적인 나의 모습을 더 알 수 있게 도와줍니다. 그러나 교사의 활동은 아이들이 함께 모여 끝없이 관계 맺고 삶을 살아가는 학교라는 공간 안에서 이루어집니다. 따라서 교사가 하는 활동은 다른 여타 직업군들과 비슷합니다. 그렇기 때문에 더더욱 교사는 존재와 역할에 대해 혼란을 겪습니다. 더군다나 아이들이 겪는 문제를 교사는 끊임없이 마주하게 됩니다. 이 상황 속에서 교사는 어떤 모습으로 존재해야 하고 교사로서 어떻게 교육할 수 있을까요?

최근에 학교 복도에서 경찰관인 나의 모습을 본 적이 있다. 점심시간, 복도에서 아이들이 시끌벅적 모이기 시작했다. 멀리서 그 모습을 본 나는 직감적으로 어떤 문제가 발생했다는 것을 알아챘다. 나는 어느새 사건 현장으로 다가가고 있었고 멀리서 오는 나를 보며 아이들은 저마다 눈치를 보기 시작했다. 한 곳에 모여 있는 아이들이 내가 다가오자 자연스럽게 길을 터주었다. 아이들이 모여 있던 자리 가운데에는 조그마한 거미 하나가 뒤집어져 있었고 다른 하나는 아이들의 발 옆을 매우 빠른 속도로 피해가고 있었다. 내가 보았을 때는 정말 작은 거미가 아이들을 피해 도망 다니는 것처럼 보았지만 아이들은 거미가 자신들을 잡는 것 같다고 생각하는 것 같았다. 나는 순간적으로 아이들을 제압하였다.

"누가 지금 복도에서 이렇게 시끄럽게 모여 있어? 어서 교실로 들어가!"

"선생님, 있잖아요. 거미가……."

"선생님이 들어가랬지? 계속 말 안 들을래?"

나는 우선적으로 복도의 소란스러움을 정리할 필요가 있었고 혹시라도
발생할 안전사고를 대비해야 했다. 교실에 들어와서도 경찰관으로서의 내
모습은 멈추질 않았다.

"선생님이 점심 먹고 들어오면 뭐하라고 했지?"
"알림장 쓰기요."
"그래, 근데 왜 약속을 안 지키지?"

'아이들이 범인도 아니고, 아이들답게 행동한 것인데 왜 나는 경찰관이 되었을까.'

이 일이 있고 난 뒤 며칠 동안 나는 아이들에 대한 미안함과 죄책감에 시달렸다. 하지만 그것도 잠시였고 며칠 뒤 같은 상황은 어김없이 발생했다. 내가 아이들에게 한 말과 행동들이 아이들 머릿속에서 사라진 것처럼 보여 좋았지만 때로는 내 말을 들어주지 않았다는 점에서 섭섭하기도 하였다.

'교사는 어떤 사람일까? 교사는 어떤 모습으로 살아가야 할까?'

교육적인 상황과 일반적인 상황

선생님의 사례를 통해 '교육적인 상황'에 대해 이야기를 나누어보고자 합니다. 평소와 다른 느낌을 느꼈던 선생님께서는 복도에서 아이들이 어떤 '상황'을 만난 것을 '분위기'적으로 느꼈을 것입니다. 현장에 도착해보니 작은 거미와 아이들이 뒤엉켜 시끌벅적 난리가 난 모습을 마주하셨습니다. 이 상황을 아이들과 마주하는 '일상적인 상황'이라 합니다.

선생님께서는 본인을 일상적인 상황 속에서 '교사'가 아닌 '경찰관'의 모습으로 생각하셨습니다. 평소 경찰관이 하는 역할과 그 상황 속에서의 모습이 매우 흡사하다는 느낌을 받았습니다. 교사의 말과 행동이 경찰관으로 바뀌니 아이들의 모습도 범죄를 저지르고 난 뒤의 해명하는 사람의 모습처럼 비쳐집니다. 이 상황에서 학생들은 자신을 해명하거나 그 상황을 피하고 싶을 뿐 학생으로서 배움은 찾기 어렵습니다. 그런 모습을 다른 사람들이 본다면 교사의 말과 행동, 아이들의 모습 등 일어난 상황을 인간적이거나 교육적으로 바라보지 못했을 것입니다. 오히려 아이들의 안전을 중요시하고 법을 지키는 경찰관의 모습에 더 가까웠을 것입니다.

교사란 어떤 사람일까요? 선생님께서는 아이들이 그 상황을 어떻게 느꼈는지, 어떻게 생각했는지, 어떤 마음이었는지 교사로서 교육적인 고민이 필요합니다. 교사는 마주하는 상황의 시시비비를 가리는 재판관의 모습도

아니고, 질서를 지키고자 하는 경찰관의 모습이 아닌 학생의 배움을 이끌어내는 교사로서의 모습이 필요합니다. 즉, 교사는 교사로서 교육적인 고민을 하는 사람, 교육을 생각하는 사람입니다.

모든 상황을 교육적인 상황으로 생각할 수는 없습니다. 하지만 적어도 교사라면 교사가 마주하는 수많은 상황들 중 일상적인 상황과 교육적 상황을 구분할 수 있어야 합니다. 그러기 위해서는 교사에게 '교육적 보기'가 필요합니다. '교육적 보기'는 어떤 상황에서 학생의 배움과 가능성을 발견하고 이를 교육으로 풀어가려고 하는, 교사의 '보는 방식'입니다. 교사는 이 일상적인 상황을 교육적 보기를 통해 교육적인 상황으로 바꿀 수 있어야 합니다.

교사는 교육을 고민하는 사람, 교육을 생각하는 사람

교사에게 교육은 무엇일까요? 교사가 교육을 고민하고, 교육을 생각하는 사람이라면 교육은 교사가 일상적인 상황을 교육적인 상황으로 만드는 현상입니다. 즉, 교사는 아이들과 마주하는 잠재적인 모든 상황을 일상적인 상황과 교육적인 상황으로 구분하고 교육적인 상황으로 만들 수 있도록 고민하고 생각해야 합니다. 어느 초등학교 1학년 담임선생님의 일화는 교육을 생각하는 교사의 모습을 보여줍니다.

내가 맡고 있는 1학년 햇살반 아이들 중 주완이라는 남자 학생이 있다. 주완이는 평소 친구들과 스킨십을 유독 좋아하는 학생이다. 가족 역할 놀이 수업이 있는 날, 주완이는 아빠 역할을 맡았고 같은 모둠 여자 친구인 민서는 엄마 역할을 맡았다. 모둠활동을 하던 중, 민서가 갑자기 울면서 내게 다가온다. 이야기를 들어보니 주완이가 엄마 역할을 맡은 민서에게 뽀뽀를 하려고 했고 민서는 뽀뽀를 거부했지만 계속 하려고 하니 울음이 터진 것이다. 주완이는 민서에게 이렇게 말했다.

"우리 아빠는 엄마한테 뽀뽀해. 나도 뽀뽀할래."

나는 이 상황을, 주완이의 행동을 어떻게 교육적으로 바라볼 수 있을까, 고민에 빠졌다. 평소 주완이의 모습, 그리고 그 상황을 생각해보며 우리 반 아이들과 뽀뽀에 대해 이야기를 나눠보고자 결심했다.

"엄마하고 아빠하고 언제 뽀뽀할까?"

"기분 좋을 때요"

"매일 아침에요"

나의 질문에 아이들은 평소 가족을 생각하며 자신의 이야기를 쏟아낸다. 주완이도 마찬가지로 자신의 이야기를 발표한다.

"우리 아빠는 엄마한테 매일 뽀뽀해."

"그럼 엄마하고 아빠하고 뽀뽀하기 싫은 날이 있을까? 친구들하고 이야기를 나눠볼래?"

뽀뽀는 '사랑', '행복', '기분 좋음'을 내포하고 있는데 '뽀뽀하기 싫은 날이 있을까'라는 교사의 질문에 아이들은 골똘히 생각에 빠진다. 시간이 지나면서 한 명씩 자신의 경험세계를 확장해 나간다. 주완이도 마찬가지다.

교사의 질문과 친구들의 경험에 자신이 갖고 있던 '뽀뽀'의 경험 세계가 한층 더 확장되어가고 있었다.

"우리 아빠는 서로 싸울 때 뽀뽀를 안 해"

"우리 엄마는 아빠가 말을 안 들으면 뽀뽀를 안 해"

이렇게 서로의 이야기를 듣고 난 이후부터 주완이는 뽀뽀하는 행동을 멈추게 되었다. 아이들의 입장에서 아이들의 경험을 통해 이야기를 나눈 것이 주완이가 마주했던 상황을 이해하고 다르게 행동할 수 있게 된 것이다.

교사의 말과 행동: 학생의 입장에서 아빠와 엄마도 뽀뽀하기 싫을 때를 고민하고 생각해보는 활동을 통해 학생이 갖고 있던 경험세계를 교육적으로 확장함.

교사의 모습 = 교사

교사의 교육적 보기: 주완이의 입장에서 어떻게 그 상황을 이해하고 행동을 교정할 수 있을지 교육적인 것에 대해 고민함.

1학년 담임선생님은 교실에서 일어나는 분위기를 직감하고 교육적 보기를 끊임없이 시도합니다. 이를 통해 교사는 학생과 대화를 통해 질문하고 학생의 경험세계를 확장하려고 주완이를 교육합니다. 주완이만 갖고 있던 아빠, 엄마의 세계가 우리 사회 일반적인 아빠, 엄마의 세계로 확장됩니다. 타인을 이해하게 되고 본인의 행동을 수정할 수 있게 되었습니다. 만약 뽀뽀하는 행동을 멈추기 위해 주완이를 꾸짖고, 억지로 그 행동을 막았더라면, 경찰관이나 안전지킴이의 모습을 수행했더라면 주완이와 교사는 서로 마주한 상황을 이해하지 못했을 것입니다.

교사는 교육을 고민하고, 교육을 생각하는 사람입니다. 교사만이 할 수 있고, 교사는 해야 합니다. 교사이기 때문입니다. 교사로서 존재하여 교육으로 바라보고 학생을 교육하는 교육적인 것에 대한 분위기를 느껴보세요.

장수풍뎅이와 아이들

어제 힘들게 꾸짖었던 아이들이 다시 복도에서 한바탕 일을 만들고 있다. 도대체 어떤 일을 꾸미고 있는 것일까? 아이들 속으로 들어가 보니 어디서 데리고 왔는지는 모르지만 조그마한 지네 한 마리가 빠르게 움직인다. 다리의 움직임이 너무나 빨라 다리의 숫자가 더 많아 보인다. 아이들 중 지네의 빠른 움직임을 미리 예측해서 피하는 모습도 있고 잡고 싶으나 두려워하는 모습도 있으며 당장에 잡기 직전의 아이들의 모습도 있다. 이렇게 제각각이지만 아이들은 왜 이렇게 곤충에 열광하는 것일까. 곤충들이 더 무서울 텐데 말이다. 하지만 나도 생각해보면 그랬다. 사마귀는 너무 날카로운 느낌이 들어서 피하고 싶었고 송충이는 지나치게 초록색이어서 거부감이 있었다. 아이들이 곤충에 열광하는 것은 그저 아이들의 모습이다. 나는 교사로서 곤충에 열광하는 아이들에게 어떤 교육을 해줄 수 있을까? 아이들이 곤충을 생명체로서 느끼고 생각해볼 수 있는 교육을 할 수 있지 않을까? 시끄럽게 떠들던 아이들을 둘러 모아본다.

"얘들아, 여기 둘러 앉아볼래? 너희들이 이 친구에게 너무 관심이 많은 것 같아. 혹시 이름은 알고 있니?"

아이들은 아는지 모르는지, 이런 내 모습이 낯선지 머뭇머뭇하며 입을 열까 말까 고민한다. 그중 한 여학생이 대답한다.

"선생님, 그거 지네에요!"
"그래? 지네라는 이름은 어떻게 알았어?"
"우리 아빠가 곤충연구사이신데 아빠가 알려줬어요."

자신의 아빠가 곤충연구사라는 이야기를 하며 곤충에 대한 거부감을 느끼지 않고 오히려 그 친구를 소중하게 대하는 모습을 보며 나는 아이들에게 곤충에 관한 수업을 하고자 결심했다.

"얘들아, 혹시 이 지네를 보면서 공부해보고 싶은 것이 있니?"
"다른 곤충들 찾아보고 싶어요."
"만져보고 싶어요."
"직접 키우고 싶어요."
"그래. 그럼 우리 곤충에 대해 공부해보자!"

내 말 한마디에 아이들이 각자의 생각을 쏟아내기 시작한다. 그날 오후 나는 곤충과 친해지는 교육과정을 개발하였다. 개발하는 과정에서는 곤충연구가이신 학부모님에게 재능기부를 요청하였고 흔쾌히 지원 약속도 해주셨다. 나는 아이들의 일상적인 상황을 교육적인 상황으로 안내하기 위해 다음과 같은 교육과정을 개발하고 실행하였다.

주제명		봄에 볼 수 있는 곤충
교육과정구성	1차시	봄에 볼 수 있는 곤충 찾아보기
	2차시	학부모 재능기부(장수풍뎅이의 생애 알아보기) 장수풍뎅이 애벌레, 번데기, 성충 만져보고 관찰하기
	3차시	학부모 재능기부(장수풍뎅이의 생애 알아보기) 장수풍뎅이 애벌레, 번데기, 성충 만져보고 관찰하기
	4차시	우리 반의 장수풍뎅이 집 만들어주기 '장수풍뎅이를 소개합니다' 준비하기
	5차시	'장수풍뎅이를 소개합니다' 부스 열고 선·후배에게 소개하기
관련 성취기준		[2바02-02] 봄에 볼 수 있는 동식물을 소중히 여기고 보살핀다.

교사의 말과 행동: 아이들의 입장을 생각해 봄. 곤충에 열광하는 아이들에게 어떤 교육을 해줄 수 있을지 고민함. 아이들과 함께 곤충에 대해 이야기를 나눠보고 아이들을 위한 곤충 수업을 생각함.

교사의 모습 = 교사

교사의 교육적 보기: 교사는 아이들과 함께 교육적 분위기를 만들고자 하였고 학생들의 배움을 위한 교육에 대한 고민을 함.

수업을 진행하면서 아이들은 곤충에 대한 새로운 지식과 다른 시각의 생각, 감정 등을 배워나가는 모습이 보였다. 그중 한 아이는 내게 이렇게 말했다.

"선생님, 처음에는 장수풍뎅이가 너무 무서웠는데, 가까이서 보니까 너무 귀여워요. 그리고 움직이는 게 너무 신기해요."

아이의 그 말 한마디가 나에게는 교사로서의 존재를 느끼게 해주었다.

아이들은 나에게 해명하지 않는다. 자신의 생각과 감정을 공유하고자 한다. 과거 같은 상황에서 경찰관으로 나의 모습을 느꼈다면 아이들에게 있어 나는 선생님으로 존재한다. 선생님과 더 공부하고 싶고 자신이 배운 것을 표현해주고 싶은 것이다.

세상은 교사에게 많은 역할을 원한다. 앞으로도 그 요구는 더더욱 많아질 것이다. 교사는 수많은 모습들 속에서 교사로서 교사의 모습으로 아이들과 만나야 한다. 매일 아이들과 함께 살아나가는 나는 이제 교사란 어떤 존재인지, 교사로서 교육을 생각하는 것이 어떤 고민인지 이제야 조금 알아가고 있다.

교사로서 존재한다는 것

매일 아이들을 만나는 교사의 삶에서 교육현장에 대한 요구는 점차 많아질 것입니다. 점점 사회는 교육현장에 기대하는 것이 많아지고 그 기대는 과한 기대로 이어질 것입니다. 반대로 기대에 못 미치게 되면 비난 또한 많아질 것입니다. 이 기대와 비난의 끝에는 교사의 존재에 대한 위협이 있을 것입니다. 교사는 혼란에 빠지고 교사와 사회와의 관계는 갈등에 빠지게 됩니다. 마지막, 그 끝에서 우리 아이들은 어디로 가야 될까요?

교사는 교사로서 존재해야 합니다. 교사가 마주하는 모든 상황 속에서 교사일 수 없지만 교사가 아닌 다른 이들과는 달라야 합니다. 경찰의 모습도, 안전지킴이의 모습도, 부모의 모습도 아닌 교사로서의 모습이어야 합니다. 즉, 아이들과 함께하는 상황에서 교사로서 존재해야 한다는 것은 분명히 교사가 가야 할 길입니다.

교사가 하는 교육은 무엇일까요? 교사가 하는 교육은 분위기를 타는 활동입니다. 교사는 교육적 분위기를 느낄 수 있어야 하고 일반적인 상황을 교육적인 상황으로 바꿔야 하는 존재입니다. 그러기 위해서는 끊임없이 교육을 고민해야 하고, 교육을 생각해야 합니다.

그동안의 교육(Education)을 과학적이고 공학적으로 보았다면, 이번 만남을 통해 어린이 인간학으로서의 교육(Pedagogy)을 느껴보세요. 정말로 우리가 지금까지 교사로 존재했는지, 교육이란 무엇인지, 아이들의 문화를 생각해보았는지, 아이들을 온전히 느껴보았는지 오롯이 생각하고 고민한다면 아이들과 교사인 나를 새롭게 바라보고 교사로서 살아갈 수 있는 힘을 얻을 것입니다.

만남 이후

교사가 해야 할 일은 너무 많다. 특정한 목적으로 일을 수행하는 것이 아닌, 아이들과 함께 삶 속에서 끊임없이 상호작용하기 때문이다. 교사의 교육 대상은 아이들이며 교사가 하는 행동 하나하나가 학생들을 위해 존재한다. 교사의 온갖 교육 활동은 아이를 중심으로 펼쳐지지만 그 일들이 때로는 교사 스스로를 힘들게 한다. 그동안 나는 교사로서 존재의 의미, 다시 말해서 교사로서 살아가는 것이 무엇인지에 대한 충분한 고민 없이 아이를 마주했던 것이다.

매년은 나에게 아이들과 마주하는 수많은 상황 속에서 교사로서의 모습으로 아이들과 마주해야 함을 알게 해주었다. 교사라면 학생과의 생활 속에서 겪게 되는 일반적인 상황을 교육적인 상황으로 인식할 수 있어야 한다. 매년과의 만남 이후, 교실에서 맞이하는 일련의 상황을 교육적으로 바라보고, 학생들에게 배움이 일어날 수 있는 상황으로 만들기 위해 노력하는 내 모습을 발견한다. 아이들이 마주한 장수풍뎅이 하나가 교육적 소재가 되고 아이들의 관심은 곧 교육으로 연결된다. 이제 나는 아이들이 마주하는 일상을 교육적 상황으로 바꿀 수 있는 준비가 됐다.

아침 8시 30분, 빈 교실에서 아이들을 맞이하기 위해 기다리고 있다. 아이들은 선생님을 만나러 온다. 나와 학생들은 교육으로 만난다. 그 교육이 학생들에게 배움과 성장으로 채워지길 기대한다. 교사가 교육을 고민하고, 교육을 생각해야 한다는 매년의 가르침은 동시대를 살아가고 있는 많은 교사들에게 교사의 존재 이유를 설명해줌과 동시에 교사로의 삶에 자긍심을 심어주기에 충분하다.

경험은 배움의 시작

듀이와 만나다

존 듀이(John Dewey, 1859~1952)

존 듀이는 실용주의 철학파의 창시자 중 한 사람으로, 미국의 철학자, 심리학자, 교육학자이다. 거의 한 세기를 살면서 철학과 이론을 교육적으로 정립하고 실천 속에서 구현해내고자 평생을 노력한 사람이었다. 교육계에서는 『민주주의와 교육』과 실험학교 운동 덕분에 그를 '진보주의 교육이론가이자 운동가' 혹은 '경험중심 교육과정 주창자', '실험학교 창시자' 등으로 표현한다. 듀이의 교육실천과 사상을 이해하기 위해서는, 철학, 심리학, 미학, 정치학, 사회학 등을 폭넓게 인식하고 그가 살아온 삶과 그 속에서 펼쳐진 생애 전체를 따라가 보아야 한다.

"작은 경험일지라도 충분히 상호작용하도록 하라."

- J. Dewey -

마음 열기

10여 년의 교직 경험이 쌓이면서 어느 순간 학생들과 함께하는 일 년의 흐름이 머릿속에 공식화되어, 3월 한 달 동안은 학생들과의 은근한 기 싸움에 밀려나지 않으려 애를 쓴다. 그 애씀의 반복이 계속되어 온몸의 긴장이 극에 달해 잠시 멈춰 서서 호흡을 가다듬어야 하는 순간, 방학이 눈앞에 보인다.

14년차 5학년을 지도하던 어느 해, 여름방학식 날 한 달가량 비우게 될 교실을 정리하며 함께 보낸 시간을 되돌아본다.

교사: 한 학기동안 건강하고 안전하게 잘 생활해줘서 고마웠어요. 지금 눈에 보이지는 않지만 여러분이 다양한 활동에 참여하고 서로 도와가며 배우는 과정 속에서 3월보다는 훌쩍 성장한 것 같아 기뻐요. 가장 기억에 남는 활동을 한 가지씩 떠올려볼까요?

학생1: 진로캠프, 명랑운동회가 즐거웠어요.

즐거운 여름방학식날

학생2: 현장체험학습이 생각나요.

교사: 교실에서 활동했던 것 중에 여러분이 즐겁게 행복했던 것은 무엇이었나요?

학생3: 공부하지 않고 게임하며 놀았던 것이 재미있었어요.

학생4: 알뜰 바자회 때 떡볶이 만들어서 팔았던 것이 힘들었지만 신났어요.

교사인 나는 한 학기 동안 교과교육과정에 명시된 성취기준을 어떻게 하면 학생들이 즐겁게 도달할 수 있을까를 고민했다면, 우리 반 학생들은 공부시간인데 교과서가 아닌 행사나 활동에 참여해서 얻는 기쁨이 더 컸던 것이었다. 수업시간을 따분한 공부시간으로, 쉬는 시간을 신나는 놀이시간으로 구분 짓지 않고, 학교에 있는 시간 그 자체를 온몸 가득, 있는 그대로 즐기기는 쉽지 않다. 그래서 학생들도 교사도 모두가 기다리는 방학식 날은 축제의 장이라 해도 과언이 아니다.

방학(放學)은 놓을 방(放), 배울 학(學)이 합쳐져서 생긴 말로, 배움을 잠시 놓는다는 뜻이다. 학교에서 일정 기간 배움을 잠시 놓고 가정에서 배움의 장을 이어가야 하는데, 학생들이 학교 혹은 가정에서 '배움'이라고 느끼는 것은 무엇일까? 성장하고 있는 지금 이 순간을 즐긴다면 모든 활동이 유의미한 배움이 될 테지만, 대부분의 학생들은 책상 앞에 앉아 있는 시간과 그렇지 않는 시간을 대하는 마음부터가 다르다. 그래서 공부 시간은 재미없고 지루한 시간으로 받아들이기 일쑤다. 학교는 누구나 가기 때문에 책가방을 메고 가야만 하는 장소가 아니라, 신나고 즐거움이 가득한 놀이 공간이자 우리의 삶터 그 자체로 느끼게 하는 것은 교사에게 참 무거운 숙제인 듯하다.

장석주 시인의 '대추 한 알'이라는 시에는 대추 한 알이 붉어지기 위해서는 태풍과 천둥과 벼락 몇 개가 있었고, 둥글게 익어가는 대추는 무서리와 땡볕과 초승달의 합작품이라고 나온다. 혼자 둥글어지지 않았을 대추 한 알! 지금의 우리 학생들도, 교사인 나도 대추 한 알처럼 다양한 일을 겪으며 성장하고 있다. 일상의 따사로운 햇살도, 매일 스쳐 지나가는 바람결도 모두 소중하지만 특별한 이벤트나 힘겨움이 함께 하기에 더욱 의미 있게 다양한 경험을 아롱다롱 엮어갈 수 있는 것이다.

방학식 날, 학생들이 교사 혹은 친구들과 함께 하며 단위시간에 배웠던 것을 기억하지 못한다 할지라도 그들의 마음과 몸을 성장하게 했으리라 믿고 싶다. 학생들이 기억하지 못한다는 것은 굵직한 행사들이 더 강한 자극으로 다가간 것이라 생각하며 위안을 삼아 본다.

듀이가 말하다

이제 학교는 더 이상 정보를 제공해주는 곳도, 공부를 가르쳐 주는 곳도 아니다. 심지어 미래를 위해 준비하거나, 공동체의 발전을 위해 특정한 습관을 형성시켜주는 곳도 아니다. 학교, 좁게는 교실이라는 공간은 다양한 학생들이 모여 있어 이들이 살아온 과거의 스토리가 다양하고 관심사도 다르다. 이에 아닌 다른 사람을 인정하고 상호작용이 더욱 자유로울 수 있도록 격려 받으며 함께 성장하는 곳이어야 하므로, 이 장에서는 듀이를 만나보고자 한다. 듀이의 교육학적 이론과 사상을 토대로 교육과 학교의 의미를 되짚어보고 교사의 역할을 고민해보며, 앞으로 다가올 먼 미래를 위해서가 아니라 지금 현재를 의미 있게 구성하는 방법을 찾아보도록 하자.

교육이란 무엇인가

선생님께서는 교육자라는 이름으로 국가교육과정 성취기준을 근거로 학습 주제를 정하고, 주제와 관련된 학습 내용을 구성하여 학생들이 경험하게 하며, 교과별 경험의 누적으로 생각하는 힘과 특정 상황에서 문제를 해결할 수 있는 힘이 길러졌다고 생각할 것입니다. 우리가 학교현장에서 당연하게 생각하고 있던 행동들에 대해 근본적인 이유를 고민해보면서, 선생님만의 교육학적 신조를 세워보시면 어떨까요? 어떤 일을 지속적으로 하고자 할 때 목적과 개념을 제대로 인지하고 있다면 방향성을 잃어 잘못된 길로 들어설 일이 없기 때문입니다.

선생님은 교육의 목적이 무엇이라고 생각하십니까? 교육자뿐만 아니라, 수많은 교육학자들도 교육의 목적을 달리 표현합니다. 교육을 통해 바람직한 인간의 형성으로 사회 발전을 꾀할 수도 있고, 개인의 발달 그 자체를 위해서일 수도 있으며, 사회 개조의 수단으로 언급하는 사람도 있습니다.

저는 교육이 절대 홀로 존재하지 않고, 사회에 존재하는 모든 영역과 유기적으로 연결되어 있다고 봅니다. 그래서 모든 교육은 개인이 사회적 상황에 참여함으로써 이루어진다고 믿습니다. 특히, 참된 교육은 학생 자신이 맞닥뜨린 사회적 상황의 요구에 의해 자신의 능력이 자극을 받을 때 생겨납니다.

교육에 작용하고 있는 두 가지 힘

교육이 성립하려면 두 가지 힘이 작용하고 있음을 간과해서는 안 됩니다. 하나는 인간이란 생명체가 태어날 때부터 가지고 있었던 선천적인 힘으로, 자기 발전을 도모하는 것입니다. 다른 하나의 힘은 후천적으로 성숙자인 교사, 부모, 먼저 경험한 사람, 선배 등이 이미 계획된 의도와 방향에 따라 이끄는 외적인 힘입니다. 즉, 내적인 힘과 외적인 힘이 서로 작용함으로써 교육이 성립된다고 볼 수 있습니다. 이때, 학생 자신의 타고난 재능(소질)과

힘은 모두 교육의 자료이며 출발점이 될 수 있습니다. 하지만 교육자의 노력이 학생의 독립적, 자발적인 노력으로 이루어지는 활동과 관계 맺지 못한다면 교육은 외부로부터의 강압으로 전락하게 됩니다.

　따라서 교육은 학생들의 능력과 관심, 그리고 습관 등에 대한 통찰로 시작해야 합니다. 교육은 지금 현재 살고 있는 이 시대, 이 순간 삶의 과정 그 자체이지, 앞으로의 삶을 위한 준비가 아닙니다. 그래서 선생님들은 학생들에게서 보이는 능력, 관심, 습관 등이 사회적 맥락에 비추어 무엇을 의미하는지를 알아야 합니다.

학교란 어떤 곳이어야 할까요?

교육이 사회적 과정인 것처럼, 학교는 사회적 기관이자 사회생활의 한 형태입니다. 그래서 저는 가정, 이웃, 심지어 놀이터 등이 현실적이고 생생한 생활을 하는 공간인 것처럼 학교가 삶의 전형적인 모습을 나타내야 한다고 믿습니다.

　만약 선생님의 교실에 학습에는 전혀 관심이 없고 수업시간마다 딴청을 피우는 학생이 여럿 있다고 가정해 봅시다. 이는 수업내용이 자신이 살아온 과거 혹은 지금 현재의 경험과 관계 맺음을 하지 못했기 때문입니다. 사소하고 아주 작은 경험이라 할지라도 이것이 변하여 기억에 오롯이 남는 '어떤 하나의 경험(an experience)'이 되고, 이러한 경험들이 재구성되는 과정 속에서 배움이 일어나야 합니다. 그러나 교실에는 다양한 구성원들의 서로 다른 경험들이 상호작용할 수 있는 기회가 부족한 것이라 볼 수 있습니다.

　저는 현재 교육이 실패하는 가장 큰 원인은 학교가 사회생활의 한 형태라는 근본적 원리를 무시하는 것에 있다고 봅니다. 현재 교육에서는 학교를 학생들에게 정보를 제공하는 공간, 공부를 가르쳐 주는 곳, 습관을 형성해 주는 곳 등으로 생각합니다. 학교에서 습득되는 이런 것들의 가치는 주로 먼 미래에 있는 것으로 생각하며, 학생들 또한 미래에 어떤 사람이 되기 위해 혹은 어떤 일을 하기 위해 지금 현재 이런 것들을 배워야 한다고 생각합니다. 요컨대 이것은 단순한 준비에 불과하며, 학생들의 생활 경험의 일부가 되지 못하므로 진정한 교육이라 할 수 없습니다. 선생님께서 현실적으로 이러한 사실을 잊고 계시기에, 교실에서는 너무도 많은 자극과 통제를 하게 되고 의도한 방향에 맞서는 학생이 있으면 도전받는다고 생각하며 상처받기도 합니다.

'카르페 디엠'을 강조하는 교사처럼

학교에서 교사의 위치와 역할 또한, 위와 동일한 기초에서 생각해 볼 수 있습니다. 교사는 어떤 관념을 주입하거나 습관을 형성시켜주는 사람이 아니라, 지역사회의 한 구성원으로서 학생에게 미치게 될 모든 영향을 선택하고, 학생들이 그러한 영향에 적절히 반응하도록 도와주는 사람입니다.

1989년 미국에서 제작된 영화 〈죽은 시인의 사회〉에서 문학을 가르치는 교사인 존 키팅은 시를 분석하고 의미를 해석해주기보다는, 시를 통해 '지금 이 순간을 즐기라(카르페 디엠, Carpe Diem)'고 가르칩니다. 그 선생님은 과거나 지금이나 사람들은 자신의 미래를 꿈꾸고 무언가를 위해 치열하게 살아가지만, 모든 사람이 결국엔 숨이 멎고 죽음을 맞이했으며 앞으로 우리도 그러할 것이라며 '지금을 살고 있는 우리'에게 그들이 속삭이는 말을 잘 들어보라고 합니다. 또 타인의 시를 읽기보다는 자신의 삶을 돌아보고 자신의 시를 써서 읽으라고 합니다. 배움이 미래 어느 시점에 유용한 것이 아니라 바로 오늘, 이 자리에서 의미 있는 것이어야 한다고 생각했기 때문입니다.

한편, 키팅의 시끄러운 수업을 본 동료 교사 맥칼리스터의 반응을 생각해 보십시오.

맥칼리스터: 오늘 수업 참 재미있더군요. 키팅 선생님.

키팅: 놀라게 해 드렸다면 죄송합니다.

맥칼리스터: 사과할 필요는 없소. 방향은 틀렸어도, 사로잡을 만했소.

키팅: 왜 그렇게 생각하십니까?

맥칼리스터: 학생들을 예술가가 되도록 부추기는 건 위험한 일이요. 그들은 자신이 렘브란트나 셰익스피어, 모차르트 같은 위대한 예술가가 아니란 걸 깨닫는다면 당신을 미워할 거요.

키팅: 예술가가 되라는 것이 아니라 자유로운 사색가가 되라는 거죠.

맥칼리스터: 17세의 자유로운 사색가라……

키팅: 비꼬고 계시는군요.

맥칼리스터: 비꼬는 것이 아니라 현실적으로 말하는 겁니다. 몽상으로 자유로운 영혼을 보여준다면 나는 만족할 거요.

키팅: 하지만 진정한 자유란 그들의 꿈에서만 가능합니다. 항상 그래 왔고, 앞으로도 그럴 겁니다.

동료 교사 맥칼리스터는 이런 키팅의 수업 방식이 '예술가'를 양성하기 위한 방법이라고 표현했지만, 키팅은 미래를 위한 준비도, 특정 직업인을 양성하기 위한 것도 아니라고 하였습니다. 학생은 모든 현실적 감각과 느낌을 유보하고 미래를 준비하는 사람이 아니라, 바로 오늘을 살아가는 사람이기 때문입니다. 키팅에게 수업의 가장 중요한 목적은 자기 언어를 발견하고 개성있게 표현했을 때 자기 혼자만 느끼는 것이 아니라, 서로 공유하고 나눔으로써 삶의 의미를 사회적으로 확장하도록 하는 것이었습니다.

학생들을 진정으로 사랑했던 키팅처럼 자신의 교육관을 소신 있게 말하고, 학생마다 내면의 소리에 귀 기울이며 독특하게 살 수 있도록 지지해주는 선생님이 많아지길 희망합니다. 또, 학생들이 학교를 삶을 준비하는 곳이 아니라 삶터 그 자체로 인지하여 충분히 고민하고 실행하면서 현재를 즐기도록 적극 지원하는 선생님이 되길 바랍니다.

경험은 곧 배움의 시작

학교는 학생들이 살아가는 그 자체이자, 배움의 공간입니다. 그렇다면 배움이란 무엇일까요? 배움은 학습자가 이미 가지고 있는 경험을 넘어서 새롭고 의미 있는 경험을 형성해나가는 것으로, 모든 경험이 교육적인 것은 아닙니다. 아무리 교육적으로 좋은 경험이었을지라도 학생 입장에서 하나의 사건이나 단편적인 활동에 그친다면 배움의 단절을 의미합니다. 또 미래 지적 행위를 이끌어내지 못하는 경험은 지적 흥미를 잃게 했다는 점에서 비교육적이라 볼 수 있습니다. 그래서 경험이 학습으로 나아가기 위해서는 질적인 통제가 필요하며, 반성적 사고의 방법을 이용해야 합니다.

새로운 경험을 통해 학생들이 보다 성장할 수 있는 방향을 제시할 경우,

그때의 경험은 교육적이라고 표현할 수 있습니다. 만약 A학생이 반복된 연산훈련으로 문제풀이에 뛰어난 실력을 갖게 되었더라도, 수학학습에 대한 감정이 괴롭거나 지겹다고 느껴서 추후의 학습을 저해한다면 교육적인 경험이라고 할 수 없습니다. 따라서 교사는 교실에서 수학학습의 경험을 통해 수학의 지식을 습득하거나 문제해결능력을 함양하도록 하는 것뿐만 아니라 지속적으로 흥미를 갖고 학습할 수 있는 환경, 즉 기반을 조성해 줄 수 있어야 합니다.

우리가 어떠한 경험을 할 때는 다른 사람을 만나는 것뿐만 아니라 그 순간의 날씨, 자연의 소리, 온도, 주변의 색과 분위기 등 많은 것의 영향을 받습니다. 우리는 끊임없이 환경과 상호작용하며 살아가고 있습니다. 이처럼 경험은 일차적으로 자연환경에서 출발합니다. 외부적 요건인 자연의 변화에 따라 경험이 시작되고, 경험의 방향이 결정되며, 경험의 색이 다양해지고, 경험의 내용이 구성됩니다. 따라서 학생들과 함께하고 있는 교사는 늘 어떤 경험이 교육적으로 중요하고 가치 있는지 찾아내고 배움의 지점을 확인할 수 있어야 합니다.

경험의 중요성이 강조되면서 학교나 가정에서 다양한 체험 및 조작활동을 구성해서 학생들에게 적용합니다. 그러나 동일한 경험을 했다고 배움의 과정이 같은 것은 아닙니다. 작은 경험 하나에서 시작된 경험일지라도, 그 경험이 학생들의 삶 속에서 이루어지고, 경험이 시작되는 그 지점에서 다양한 상호작용이 일어난다면, 의미 있는 배움이 일어난 것입니다.

진정한 배움은 경험이 재구성되는 과정

학생 스스로의 생활, 사회적 관계 등이 누락된 교육은 사상누각이 될 수밖에 없습니다. 일상생활에서 다양하게 겪은 경험이 학교와 수업 속에서 등장하고 이를 재구성해나가는 일이 진정한 배움이라 할 수 있습니다. 즉, '일상적 삶이 곧 경험'이라는 관점에서 교육이 시작되고, 이러한 생생한 경험들이 계속 이어지고 주변과 충분히 상호작용하면서 무의식적으로라도 의미를 부여하는 상황이 많이 만들어지면 충만한 경험이 되고 성장을 이루게 합니다. 이때, 교사는 학생들의 경험 속에 담긴 질적으로 독특한 상황뿐만 아니라 그 속에 숨겨진 도덕적, 사회적 행위를 짚어낼 수 있어야 합니다.

이러한 경험의 역동성을 이해하기 위해서는 경험을 지식의 문제로서 다루는 것과 달리 환경과의 끊임없는 교섭으로 보아야 합니다. 환경과의 관계 속에서 다양한 행함(doings)과 당함(sufferings)의 경험이 학생들에게 동시에 이루어지도록 해야 합니다. 여기서 '행한다는 것'은 하는 것, 해 보는 것, 즉 세상이 어떻게 되어 있는가를 알아내기 위한 활동이며, '당하는 것'은 '배우는 것' 즉 사물 사이 관련을 알게 되는 것입니다. 이렇게 경험은 능동적 요소와 수동적 요소가 특수하게 결합되어 있다는 것을 인지해야 그 본질을 이해할 수 있습니다.

역동적인 경험이 학교 공간에서 지속적으로 일어나게 하기 위해 교사는 학생을 염두에 두고 수업을 구성할 뿐만 아니라 수업 중에도 학생들의 상태를 읽어내야 합니다. 학생의 선(先) 경험을 파악하여 수업에 이용할 학습과제를 선정하고 수업과정을 구성해야 하며, 수업 과정에서 학생의 학습 정도를 순간적으로 파악하여 그에 맞는 발문이나 다른 학생의 의견을 연결지어주는 즉흥적인 활동도 해야 합니다.

체육대회, 알뜰바자회, 진로캠프 등 학교에서 계획한 행사나 활동에 학생들을 참여시켰다고 학생들의 배움이 일어나고 협력, 나눔, 자기이해 등의 가치를 익히는 것은 아닙니다. 이러한 활동들을 학생들이 더 오래 기억하는 것은 그들이 주도적으로 참여했기 때문이기도 하지만, 행함과 당함의 역동적인 경험이 동시에 일어나 상호작용할 수 있는 기회가 많았기 때문입니다.

경험의 두 가지 원리

경험은 시간과 공간 안에서 개개인마다 새로운 방식으로 겪어내는 것으로, 두 가지 원리를 가지고 있습니다. 하나는 연속성(continuity)의 원리이고, 다른 하나는 상호작용(interaction)의 원리입니다. 경험이 삶의 과정이라면, 연속성과 상호작용이 삶의 본질적인 특징이라고 볼 수 있습니다.

삶은 곧 생명이며 살아있다는 것은 무엇인가 계속하고, 지속하는 연속성이 있음을 의미합니다. 살아서 연속적으로 움직인다는 것은 의식적인 경험을 만들어가고 있으며, 과거, 현재, 미래라는 시간적 흐름의 연속선상에 있는 것입니다. 인간이 살면서 경험을 한다는 것은 연속적으로 어떤 일이 계속 일어난다는 것으로, 삶의 연속성은 곧 경험의 연속성이라고 이해하시면 됩니다.

한편 경험은 오로지 나 혼자에 의해 만들어지는 것이 아닙니다. 우리가 일상적으로 사용하는 '나'라는 용어 역시 상대방인 '너'가 반드시 존재해야만 가능한 이름입니다. 하나의 경험에는 내부적, 외부적 요인이 처하게 된 상황이 존재합니다. 이때, 경험의 외부적 조건과 내부적 요인과의 관계성을 이해하는 것이 상호작용의 원리라 볼 수 있습니다. 인간은 누구나 환경과 상호작용을 하며, 경험하면서 환경에 적응하기도 합니다. 적응하지 않으면 살기가 쉽지 않기에 살아가기 위한 방법으로 적응하고, 내·외부적 요인과 상호작용합니다. 이 과정에서 자기만의 감정과 정서가 표출되고 이것은 경험의 생생한 특성이 됩니다.

　교육을 통해 진정한 배움과 성장이 일어나려면, 경험이 외적 압력에 의한 것이 아니라 이전 상황에서 이후 상황으로 연계되는 종적인 계속성을 가져야 합니다. 또, 개인과 환경이라는 횡적 상황에서 서로 영향을 주고받으면서 경험이 커가도록 상호작용이 일어나야 합니다.

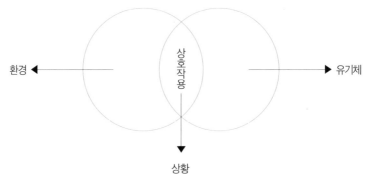

유기체와 환경의 상호작용과 상황의 위치

사고(思考)를 통해 성장하는 경험

많은 경험을 하면 많이 배웠다고 표현할 수 있을까요? 아침 시간에 교실에 들어와서 하교하는 순간까지 일어나는 일들 중에서 학생들의 배움이 일어나고 성장하는 순간이 있는지 생각해 보십시오. 학교의 시종에 따라 공부

시간과 쉬는 시간이 있고, 점심식사 후 잠시 놀이시간을 가지다가 오후에 자리 정돈을 하고 집에 가는 일상 속에서 능동과 수동이 결합되어 의식적으로 인지되는 경험은 무엇일까요? 또 일방적으로 행하거나, 의식하지 않고 무심코 하는 행동은 무엇일까요?

경험을 이성과 떼어놓고 판단할 수 없습니다. 의미 있는 경험은 불완전하더라도 사고(思考)가 개입되어 있기에 인간의 모든 생활과 사고를 연결시켜야 합니다. 일련의 과정 속에서 일어나는 무수한 일들을 맥락 없이 바라보는 것은 현상에 대한 정확한 이해가 아닙니다. 가만히 멈춰 있는 것처럼 보일지라도 그것이 의미를 갖는 경우가 있습니다. 그때의 멈춤은 실제로 정지된 상태가 아니라 도약을 위해 신발 끈을 묶듯 멈춰 있는 것처럼 보이는 것뿐입니다. 학생들이 경험한 것이 그 자체로 머물지 않고 사고를 통해 의미를 가질 수 있도록 해주십시오.

교육적 경험이 곧 성장하는 경험

경험의 지속적인 재구성으로 교육을 바라본다면 교사의 역할이 그려질 것입니다. 교육의 과정과 목적(결과)은 하나이며, 그 목적과 기준을 제공하는 것 이외에 어떤 목적을 설정하는 것은 교육과정의 의미를 망각하였기 때문이며 외적인 거짓 자극에 의존하는 것이라고 믿습니다.

교실수업을 통해 진정한 교육적 경험이 일어나려면, 수업에서 의도하는 것들이 학생들에게 전달되어 재구성된 경험이 의미 있게 되고, 방향을 결정할 능력을 갖도록 해야 합니다. 여기서 '목적과 과정의 동일성'이란 하나의 활동 과정으로서 경험이 일정 시간 동안 진행되고, 그 뒷부분이 앞부분을 연결하고, 뒷부분은 지금까지와는 다른 새로운 관련성을 드러낸다는 것입니다. 그리하여 뒷부분의 결과는 앞부분의 의미를 밝혀주고, 경험 전체는 의미를 가진 쪽으로 나아가려는 경향성을 가지게 됩니다. 이렇게 연속적으로 일어나는 경험이나 활동은 어떤 것이든 교육적인 성격을 띠게 되고, 교육 또한 어떤 것이든 그러한 경험을 하도록 하는 것입니다.

교사가 많은 에너지와 시간을 들여 자료를 준비하고 수업에 적용하려고 애를 쓴다 할지라도, 학생들의 경험 세계 안으로 들어가지 않으면 의미가 없습니다. 학생들이 자신에게 제시된 교과에서 얻는 무엇인가가 있다면, 그것은 지식이나 개념이 아니라 그 교과와 관련하여 자기 자신이 형성한 심상(心想)인 것입니다. 심상이란 보고 듣는 것을 뛰어넘어 내 것으로 만들어 내는 과정으로, 교육의 핵심적 역할을 하고 있습니다. 따라서 교사가 수업을 준비하여 자료를 제시하는 데 들이는 시간과 노력을 보다 현명하고 유익하게 쓰는 방법은 학생의 심상 형성 능력 훈련에 쓰는 것입니다. 즉, 학생들이 경험에서 접하는 여러 가지 교과 내용에 관하여 명확하고 선명한 심상을 계속적으로 형성하고 확대해 가도록 도와주어야 합니다.

또, 학생들이 가진 소중한 생각들을 응원해주고, 경험이 사고를 통해 성장해 갈 수 있도록 해야 합니다. 이상적인 학교 교육과정에서는 교과를 일렬로 나열한다는 것은 있을 수 없습니다. 만약 교육이 삶이라면, 모든 삶은 처음부터 과학적 측면, 예술과 문화의 측면, 그리고 의사소통의 측면 등을 모두 가지고 있습니다. 그러므로 어떤 학년에 적당한 교과는 단순히 읽기와 쓰기라든지, 다음 학년에 가서는 읽기와 문학, 과학 등을 가르쳐도 좋다고 말하는 것은 옳지 않습니다. 교과를 배우는 것에 대한 진보적 측면은 일렬로 늘어선 교과를 배워나가는 것이 아니라, 경험에 대한 새로운 태도, 새로운 관심이 발달해 가는 과정이라고 볼 수 있습니다.

학생의 경험을 존중하는 교사되기

교육의 출발점은 학생 자신이며, 이들의 욕구에 초점을 맞추어 교육방법을 행해야 합니다. 따라서 학생들의 흥미나 관심사에 지나치게 개입하거나 억압해서는 안 됩니다. 학생들의 흥미와 관심을 억압하는 것은 그들을 성인으로 바꿔치기 하는 것과 같습니다. 그렇게 함으로써 지적 호기심과 민첩성을 약화시키고, 자발성을 억압하며 관심을 짓밟아 버리는 것입니다. 교사는 학생들이 흥미나 관심을 보이는 것에 숨어 있는 힘을 알아내는 것이 필요합니다. 변덕을 부리거나 꾸준한 마음이 없이 단편적인 면만 보고서 진정한 흥미인 것처럼 생각해서도 안 되기 때문에, 교사는 치밀한 교수방법을 설계하여 통합적으로 접근해야 합니다.

모래알이 모여 삼각주가 이루어지듯, 학교나 가정에서 학생들의 작은 경험들이 모여서 한 사람의 성장체가 됩니다. 이러한 성장과정에서 어떤 고성능의 로봇도 흉내 낼 수 없는, 사람과 사람의 만남으로 자신의 경험에서 가치를 발견할 때 그 경험은 오래도록 기억되고 재구성되어 성장하게 된다는 것을 잊지 마십시오. 학생들의 경험이 선생님께서 의도하는 교육적 상황과 관련지어 진지하게 참여할 수 있는 기회로 지속적으로 이어지도록 연결고리를 잘 만들어 가시길 바랍니다.

만남 이후

학생들을 통제와 관리의 대상으로 여기며, 교육과정이라는 틀 안에서 무언가를 끊임없이 가르쳐주고자 했던 마음을 내려놓기로 하였다. 학기 말에 학생들이 교사와 했던 낱낱이 경험을 떠올리지 않아도 되며, 교사 또한 관례적으로 해오던 어떠한 경험을 맥락 없이 노출시키지도 않는다.

배움은 특정한 시공간에서만 이루어지는 것이 아니다. 그럼에도 불구하고, 학교에서는 적당한 울타리를 치고서, '가르쳐야 하는 것과 가르치지 않아도 되는 것', '배워야 하는 것과 배우지 않아도 되는 것' 등의 기준을 세우고 있다. 듀이와의 만남은 이러한 울타리를 걷어낼 수 있는 용기를 주고, 모든 것이 배움의 시간과 공간이 될 수 있으므로 학생의 생각과 시선이 어디에 머물고 어떻게 이어가는지를 끊임없이 볼 수 있도록 해주었다.

또 교사와 학생, 학생과 그의 친구들 사이에서 일어나는 다양한 관계 속 경험이 서로 상호작용하면서 성장할 수 있도록 작은 경험 하나도 소중히 여기게 되었다. 쉬는 시간, 점심시간 가릴 것 없이 비일비재하게 일어나는 사소한 다툼에서부터 수업 중에 오고가는 진지한 대화에 이르기까지 가르침과 배움의 경계를 구분 짓지 않고, 학생들의 선 경험을 생각하며 준비하고 기대하며 품어주고자 끊임없이 노력한다. 교사의 가르침만이 배움의 출발점이 아니기 때문에 교사의 영향을 줄이면 배움은 더 크게 확장될 수 있으리라 믿는다.

듀이와의 만남에서 시작된 '삶과 배움' 그리고 '진정한 경험'이 무엇인지 자세히 살펴보며 교실에 갇힌 낱낱의 배움을 멀리하고, 지금 현재 삶의 무대에서 펼쳐지는 배움의 연결고리를 잘 이어나가려 한다. 수업 중에 배움을 멈추게 하거나 학생들의 삶과 동떨어진 이야기가 펼쳐지는 난관이 온다할지라도 한쪽으로 치우치지 말고, 단 한 명의 학생도 소외되지 않은 채로 배움이 일어나고 작은 경험이 의미 있는 경험으로 성장할 수 있게 충분히 상호작용할 수 있도록 하자.

교육과정을 실행하다

칭찬으로부터의 자유

콜버그와 만나다

로렌스 콜버그(Lawrence Kohlberg, 1927~1987)
콜버그는 아동과 청소년의 도덕 추론에 대한 경험적인 연구를 통해 인간의 도덕성 발달 단계가 보편성을 갖는다고 주장했다. 그는 도덕을 사회관습이나 제도 유형이 아니라 의사결정 과정 또는 판단의 유형으로 인식했다. 학교가 학생들의 도덕성을 기르기 위해서는 교화적인 방식에서 벗어나 서로 존중하는 교실 분위기 속에서 개방적이고 공식적인 토론에 참여하는 기회를 제공하는 것이 중요하다고 역설했다.

"최고의 도덕성은 보편적 도덕원리를 추구한다."

- L. Kohlberg -

마음 열기

칭찬의 목적은 무엇일까? 흔히 칭찬은 고래도 춤추게 한다는 말이 있다. 그런데 고래가 춤만 추는 것으로 끝난다면 칭찬의 목적은 달성한 것일까? 애초 고래를 칭찬할 때 춤을 추게 하려고 칭찬한 것은 아닐 것이다. 오히려 고래가 한 어떤 행동이 바람직했기 때문에 칭찬했을 것이고 그 칭찬 이면에는 앞으로도 변함없이 그렇게 행동하기를 바라는 마음도 함께 내재해 있다고 보는 것이 맞다. 몇 해 전, 2학년 담임을 했을 때의 일이다.

"선생님, 저 어제 할머니 어깨 주물러 드렸어요."
"응, 그래 잘했어"
"선생님, 저는 어제 엄마 일을 도와 드렸어요."
"응, 너도 잘했어"

언제부터인지 아이들이 자신의 선행에 대해서 늘어놓으면, 나는 칭찬보다는 학생이 말한 사실을 단순히 인지했다는 수준에서 상투적인 칭찬을 하였다. 한번은 쉬는 시간에 교실 뒤에 떨어진 휴지를 줍는 아이를 보고 수업 시작과 함께 칭찬을 해주었다.

"수인이는 참 착하구나, 교실에 버려진 휴지를 주웠으니 말이야. 자신이 버리지 않았더라도 교실을 깨끗하게 만드는 일은 매우 좋은 일입니다. 선생님이 칭찬합니다."

수인이도 내 칭찬에 매우 만족스러워하는 표정이었다. 수업이 끝나고 난 뒤 쉬는 시간이었다. 몇몇의 아이들이 청소함에서 빗자루를 꺼내어 교실 여기저기를 쓸고 있는 게 아닌가. 이게 진정 칭찬의 효과라는 것인가? 문제는 그 다음 쉬는 시간이었다. 청소함에 있는 빗자루를 서로 차지하겠다고 싸우고 있었다. 아이들은 무엇을 위해 그렇게 빗자루 차지에 기를 쓰고 덤볐을까?

언젠가는 교실에 뒹굴고 있는 지우개의 주인을 찾아준 아이가 내게 와서 말했다.

"선생님, 왜 차별하세요? 저도 스티커 주세요."

"무엇이 차별이니? 너의 행동은 칭찬받아 마땅해. 그렇지만 네가 지우개를 찾아 준 이유가 선생님한테 스티커를 받기 위해서니? 칭찬이라는 것은 누가 하는 것일까?"

아이는 자신을 칭찬해주지 않았다며 서운함을 표현했다. 지난번에 똑같은 일을 한 다른 친구에게는 칭찬 스티커를 주셨는데 왜 자신에게는 주지 않으냐는 불만이었다. 몇몇 아이들은 수군거리기 시작했다. 칭찬하지 않은 것이 선생님을 차별하는 선생님으로 만들었다. 이러한 의식이 만연한 학급 분위기라면 생활지도와 교우관계 지도를 하는 데 많은 어려움이 따르리라 예상되었고, 내가 준비한 칭찬스티커가 학생들을 좋은 사람으로 성장하게 하는 데 별다른 효과를 보지 못할 것이라는 걱정이 들었다.

칭찬스티커가 정해진 만큼 모였을 때 아이들에게 주어지는 보상은, 아이들의 입장에서는 중요하게 여겨질 수 있지만 그리 대단한 것이 아니었다. 하루 동안 원하는 친구와 앉기, 급식 때 맨 앞에 서기 등의 보상을 받기 위해 평소 선생님이 말씀하신 좋은 일들을 실천하는 아이들이 순진해 보이기도 했지만, 학기 초 생활지도 차원에서 도입한 칭찬스티커 제도가 내가 의도한 목적에 맞게 작동하지 않아서 안타까웠다. 보상으로서의 결과보다는 학생들이 좋은 일을 실천하는 과정 그 자체에 가치를 두기를 바랐는데 학생들은 보상에 더 열을 올리는 듯 했다. 심지어 자기들끼리 현재 누가 칭찬스티커를 가장 많이 모았는지, 누가 먼저 보상을 받게 될지 비교하기까지 했다.

뭔가 조치가 필요한 상황이다. 아이들이 어떤 행위의 좋고 나쁨을 떠나서 그 행위를 왜 해야 하는지, 왜 하지 말아야 하는지에 대해서 생각해봤으면 좋겠다. 일차적으로 우리는 행위 전에 무엇 때문에 내가 학급에서 정한 규칙을 지켜야 하고, 왜 정직하고 성실하게 살아야 하는지에 대해서 숙고해야 한다. 우리가 다른 사람을 도와줄 때 그 동기가 어른들에게 칭찬을 받기 위해서라든가, 약속된 선물을 받기 위해서라면 비록 그 행위가 결과적으로 상대방에게 이로움을 주었더라도 가치는 반감되기 마련이다.

콜버그가 말하다

우리가 어떤 행위를 함에 있어서 진정 도덕적으로 가치 있다고 여길 수 있는 판단 근거가 있을까? 이와 관련하여 콜버그는 도덕성의 핵심요소로서 추론능력을 꼽았다. 그는 발달심리학자인 피아제의 인지발달이론 영향을 받아서 도덕 발달 단계를 이론화했다. 학교에서 이루어지는 다양한 방식의 도덕적 훈육은 감정에 호소하거나 교사의 권위에 의존하는 경우가 많다. 이러한 방식의 교육방법은 교화에 가깝기 때문에 학생들이 도덕적 삶의 주세로서 살아가도록 돕는 데 한계가 있다. 이와 관련하여 콜비그의 도덕발달이론은 학생의 도덕적 행동에 따른 교사의 칭찬에 대해 교육철학적으로 시사하는 바가 크다.

학교에서의 사회화

아이들은 초등학교에 입학하기 전부터 생활에 필요한 규율을 익히게 되고, 상대방에 따른 언어예절, 인사예절 등 자신이 속한 사회 내 도덕규범을 내면화하면서 성장합니다. 이 시기에는 부모의 역할이 매우 중요합니다. 어린 아이들은 부모의 언행과 사고방식을 모방하면서 집 안의 규칙과 예절 등을 배우기 때문입니다.

전적으로 가정교육에 의존하던 아이들이 학교에 입학하면 본격적으로 공동체의 도덕규범을 내면화하게 됩니다. 만약 어떤 학생이 공동체가 약속한 규범에 대해서 수용을 거부한다면 그 아이는 손가락질을 받거나 조직 내에서 소외됩니다. 한 사회가 오랫동안 지켜온 관습을 거부하기란 쉽지 않습니다. 어떤 사람이든지 간에 자신이 발 딛은 사회에서 온전한 구성원으로 살아가기 위해서는 그 사회가 표준이라고 정해놓은 행위규범을 따라야 합니다. 이렇게 자신이 살고 있는 사회의 전통적인 규범들을 내면화하는 것을 흔히 '사회화'라고 합니다.

뒤르켐(Durkeim)은 개인이 사회 체계 내에 통합되지 못하면 아노미 상태에 놓일 수 있다고 하였습니다. 무규범 상태에 놓인 개인은 사회로부터 고립되고 원자화되어 불행에 빠질 수 있습니다. 그렇기 때문에 그는 교육을 통해서 개인이 집단에 소속감을 느끼고, 그 사회의 공통적인 가치와 신념을 내면화할 수 있도록 도와야 한다고 주장했습니다.

실제로 일선 학교들은 사회를 작동시키는 질서와 규범의 토대 위에서 학생들을 가르치고 있으며 그 자체를 교육의 내용으로 삼고 있습니다. 선생님들은 한 사회의 가치를 대변하는 창도자(唱道者)의 역할을 수행하고 학생들은 사회 구성원으로서의 동질성을 확보하고자 그것들을 수용하게 됩니다. 그렇지만 아이들은 어느 순간이 되면 자의식이 싹트기 시작합니다. 즉 자신의 세계관을 갖고 세상을 바라볼 수 있게 됩니다. 이때부터 학생들은 기존의 가치와 질서를 맹목적으로 받아들이지 않습니다. 그리고 내가 좋다고 믿고 있었던 가치, 이미 존재하고 있는 규범들에 대해서도 의문을 품게 됩니다.

링어로부터의 극복

제리 스피넬리(J. Spinelli)의 소설 『링어, 목을 비트는 아이』 속 이야기는 오랜 기간 전해 내려오는 마을의 관습 때문에 갈등하는 파머라는 아이의 심리를 잘 묘사하고 있습니다. 파머가 사는 마을에는 해마다 축제가 열립니다. 문제는 축제 중 비둘기를 사격하는 행사가 진행됩니다. 이때 총에 맞아서 고통스러워하는 비둘기가 있다면 남자 아이들이 다가가 비둘기의 목을 비틀어 숨을 멎게 합니다. 마을 사람들은 이 역할을 하는 아이를 '링어'라고 부릅니다. 마을 사람에게 비둘기의 목을 비틀어서 빨리 죽게 하는 일은 용감하면서도 영광스러운 일입니다. 하지만 파머가 보기에 그것은 비둘기를 놀잇감으로 대하고 죽이기까지 하는 잔인한 행동이었습니다. 이제 파머는 결단을 해야 합니다. 자신이 속한 마을의 관습에 따라 링어가 될지, 아

니면 마을 사람들의 폭력적 문화에 저항하며 자신의 방 창가에 앉은 비둘기와 친구가 될지를 말입니다.

파머에게 비둘기의 생명은 인간의 축제가 가져갈 수 있는 성질의 것이 아니었습니다. 파머는 자신의 마을에서 사람들이 너무나 자연스럽게 즐기던 '비둘기 죽이기'를 거부합니다. 친구들이 왕따를 시킬지도 모르고, 마을 사람들이 겁쟁이라고 비난할 지도 모르지만, 그것들을 감수하고 마을의 통과의례를 포기한 것입니다. 파머의 행위는 사회의 관습에 대한 무조건적 수용에서 벗어나 보편적인 도덕을 추구한 것입니다.

학생들은 자신을 감싸고 있는 세계 내 관행에 대해서 비판적으로 바라볼 수 있는 안목과 정의를 추구할 수 있는 용기를 배워야 합니다. 우리가 너무나 당연하다고 생각하는 가치들에 대해서도 검토하고 받아들여야 합니다. 기존의 관습을 깨고 학급 구성원 전체를 위한 규율을 다시 만들어야 하며 그 과정에는 학생들이 주체적으로 참여해야 합니다.

'교화(indoctrination)'라는 괴물

교육적 관점에서 보면 파머가 살고 있는 마을의 다른 남자아이들의 태도는 문제가 심각합니다. 교실에서 아이들이 학급 규칙을 준수할 때 그것이 규칙이니까 무작정 따르는 학생과, "선생님, 그 규칙이 왜 우리 교실에 필요해요?"라고 묻는 학생 중 어떤 학생과 함께하고 싶습니까? 아니 어떤 학생을 길러내고 싶습니까? 물론 질문한 후자의 학생은 단순히 학급 규칙을 준수하기 싫어서 선생님께 반항하는 것은 아닙니다.

아침에 학생들이 교실에 들어오는 즉시 스마트폰을 일제히 바구니에 제출하고 귀가 시 찾아가는 규율을 적용하는 학급이 있습니다. 담임선생님께서는 새 학기 첫날 학생들에게 교실에서 지켜야 할 몇 가지 규칙과 그 규칙이 필요한 이유를 설명하셨습니다. 그 규칙 중 하나가 '학교에서 스마트폰 사용하지 않기'였습니다. 아이들의 스마트폰 과다 사용을 방지하고 학교에서 생활하는 동안에 학업에 충실할 수 있도록 통제하기 위해서 학생들이 소지한 개인 스마트폰을 날마다 수거하였습니다. 다음은 이 학급에서 발생한 일화입니다.

준수: 선생님, 교실에서 스마트폰을 보면 왜 안돼요?

담임선생님: 왜 그런 생각을 했지요?

유정: 당연히 안 되는 거 아냐?

선태: 학교는 공부하는 곳이야

준수: 누가 그걸 몰라? 수업 시간에 궁금한 게 생겨서요. 쉬는 시간에 스마트폰으로 검색하고 싶은데 그것도 안돼요?

선태: ……

유정: 우리 반 규칙이잖아.

유정이와 선태는 선생님이라는 권위가 정해 놓은 학급 규칙을 아무런 생각 없이 따르고 있습니다. 마치 담임선생님의 말씀은 모두 진리라고 생각하는 것 같습니다. 이 두 아이의 모습이 선생님께서 길러내고자 하는 학생상은 아닐 것입니다. 준수는 학급의 규칙을 지키지 않은 나쁜 학생일까요? 그렇지 않습니다. 준수도 다른 학생들과 마찬가지로 스마트폰을 제출했습니다. 그런 와중에 질문한 것입니다. 지금 당장 궁금한 것이 있고 스마트폰을 활용하여 검색하며 그것을 쉽게 확인할 수 있는데 선생님께서 왜 그것을 못하게 강제하시는지, 그에 대한 의문이 생긴 것입니다. 선생님이라면 어떻게 대응하시겠습니까? 적어도 유정이처럼 학급 규칙이니까 안 된다고 말씀하시며 대화를 마무리하지는 않으시리라 봅니다. 교사는 학생들이 아무리 익숙한 상황이라도 의문이 생기면 언제든지 질문할 수 있는 분위기의 학급공동체를 만들기 위해 노력해야 합니다.

가치 딜레마

준수가 처한 상황은 딜레마 상황입니다. 학기 초 선생님께서 정해놓은 규칙을 지켜야 한다는 의무감과 자신이 궁금한 것을 스마트폰을 활용하여 스스로 탐색하려는 지적 욕망이 충돌한 것입니다. 우리는 늘 삶에서 선택을 해야 하는 상황에 놓입니다. 식당에서 메뉴를 고르는 일이나, 여름휴가 여행지를 결정하는 일은 단순히 개인의 선호 문제입니다. 다른 사람의 의견을 물을 필요 없이 자신이 좋아하는 쪽을 선택하면 됩니다. 선택한 메뉴가 맛이 없었거나, 여행이 불만족스러웠다면 다음에는 다른 대안을 선택하면 그만입니다.

　그러나 도덕적 딜레마 상황은 다릅니다. 자신의 경험을 기반으로 선택을 해야 하는 것은 동일하지만 앞의 음식이나 여행과는 달리 옳고 그름의 문제가 개입됩니다. 개인이 당면한 문제 사태에서 어떤 선택이 과연 도덕적으로 바람직한 일인지 판단해야 하며, 그것을 실천으로 옮기는 일이 수반되어야 하는 문제이기 때문입니다. 우리는 누구나 좋은 사람이 되길 원합니다. 인생에서 그른 선택을 하고 싶은 사람은 없습니다. 그러나 우리가 살아가면서 만나는 갈등 상황은 대부분 두 개 이상의 가치가 충돌하고 있는 상태입니다. 더욱이 대부분의 갈등은 나 혼자만의 문제가 아니라 자신과 관련된 주변 사람들에게도 동시에 문제인 경우가 많습니다. 이때의 판단은 의도치 않게 타인에게 피해를 줄 수도 있습니다. 그래서 식당에서 메뉴를 고르는 것과는 다른 차원의 신중함이 필요합니다. 어떤 가치가 진정으로 나와 공동체를 위해 추구되어야 마땅한지를 꼼꼼히 따져보아야 합니다.

> "모든 도덕성의 뿌리에는 어떤 하나의 근본적 원칙 또는 법칙이 있어야 한다. 만약 여러 개가 있을 경우에는 그것들 사이에서 결정된 서열이 있어야 한다. 그리고 다양한 원칙들이 상충될 때 이를 결정하는 하나의 원칙 또는 규칙은 그 자체로 자명해야 한다."
> — 존 스튜어트 밀, 『공리주의』

도덕적 추론 능력

바람직하게 행동하기 위해서는 먼저 무엇이 옳은지 판단하는 능력이 필요합니다. 아무리 옳은 삶을 살고 싶은 열망이 강한 사람이라고 하더라도 무엇이 옳은지 모른다면 옳게 행동할 수 없습니다. 우리 모두는 이전에 인생을 살아본 경험이 없습니다. 우리는 살아가면서 다양한 선택의 순간에 놓이게 되고 선택의 경험 속에서 성장합니다. 옳지 않은 가치를 선택해서 후회했다면, 그 이후에는 그와 유사한 상황이 발생했을 때 과거의 실수를 거울삼아 같은 실수를 하지 않으려고 노력할 것입니다. 즉, 도덕적 지식이란 개인이 도덕적 상황에서 경험한 결과로써 구성됩니다.

도덕적 선택의 순간은 어린 시기부터 찾아옵니다. 학교 숙제가 있음에도 놀고 싶어서 엄마에게 숙제가 없다고 거짓말을 할지의 여부, 자신이 준비물을 챙겨가지 못했을 때 빌려주지 않았던 친구가 같은 곤경에 처했을 때 도움을 줄지의 여부가 그 예입니다. 이때 아이들에게 필요한 것은 욕망에 대한 절제나 인과응보 성격의 대응이 아닙니다. 전자의 경우에는 엄마에게 거짓말을 하고 놀았을 때 전개되는 자신의 미래, 학교에서 발생할 일, 자신의 삶에 발생할 일 등에 대해서 생각해 보아야 하고, 후자의 경우에는 준비물을 빌려주었을 때와 그렇지 않았을 때 전개될 미래 상황, 그리고 자신과 학급에게 어떤 것이 이득이 되는지에 대해서 합리적인 고민이 필요합니다. 인간이 처하는 상황은 특정한 맥락 속에 존재하기 때문에 이성적인 판단을 통해 상황마다 유연하게 판단할 수 있어야 합니다.

꼬마 철학자

학생들은 도덕철학자입니다. 어린 아이들도 자신이 참여하고 있는 공동체 안에서 옳고 그름의 문제에 관해 충분히 숙고할 수 있습니다. 물론 이제 막 초등학교에 입학한 학생의 추론 능력이 성인과 같을 수 없습니다. 피아제는 교육 분야에서 인지 발달을 이야기한 대표적인 학자입니다. 그에 따르면, 인간은 주변 환경으로부터 주어지는 정보를 수동적으로 받아들이는 것이 아니라 능동적으로 재구성하고 재해석합니다. 자신의 인지구조를 새롭게 변형시킴으로써 외부 자극을 받아들이기도 하고, 그것의 틀에 맞추어 외부 자극을 해석하기도 합니다. 양쪽 모두 인간의 인지 체계가 발달해 가는 과정으로 볼 수 있습니다.

외부 자극의 하나로서 어떤 도덕적 딜레마 사태에 직면한 학생을 떠올려 봅시다. 이 학생은 서로 양립할 수 없는 의무들 사이 모순을 자신의 인지 구조 안에서 해결하기 위해 추론합니다. 이것은 특정 가치들에 대한 맹목적인 수용에서 벗어나 자기 나름의 철학적 사유를 하고 있는 것입니다. 일각에서는 어린 아이들의 사고능력을 지나치게 과소평가합니다. 그러나 인간 삶의 본질적인 문제들에서 탐구하고 사유하는 것은 성인들만의 전유물이 아닙니다. 어릴 때부터 도덕적 추론의 경험을 차곡차곡 쌓아나가며 추론의 깊이를 더해 가는 것이야말로 인지 발달, 도덕성 발달을 위한 핵심 요소입니다.

도덕성 발달

개인의 도덕성은 사회에서 작동하고 있는 덕목이나 가치를 얼마나 잘 따르느냐에 있지 않습니다. 그것은 구체적인 덕목, 이를테면 예절, 공정, 성실, 정직 등의 내용적 측면보다는 여러 가치덕목을 토대로 어떻게 판단하는지와 관련된 형식적 측면이 상합니다. 개인의 도덕성 발달은 결코 그 사회가 지향하고 있는 가치규범을 주입시키는 방식으로는 불가능합니다. 도덕성은 일종의 원리입니다. 이것은 개인이 처한 도덕적 문제 상황에서 도덕적 판단을 내릴 때 통과해야 하는 합리적인 이유로 볼 수 있습니다. 어떤 것이 옳다면 그것이 왜 옳은지에 대한 논리적 추론을 하는 과정에 도덕성이 놓이는 것입니다.

개인마다 도덕적 문제에 대한 이해와 판단에 적용하는 인지적 도식은 다릅니다. 도덕적 딜레마 상황에서 개인이 어떠한 합리적 근거를 바탕으로

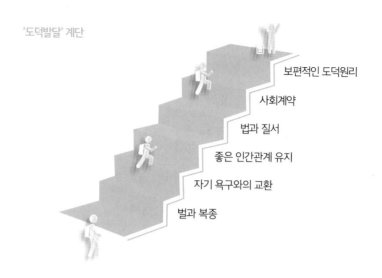

'도덕발달' 계단

보편적인 도덕원리

사회계약

법과 질서

좋은 인간관계 유지

자기 욕구와의 교환

벌과 복종

결정을 했는지가 그의 도덕 발달 단계를 판가름하는 중요한 잣대입니다. 도덕적 사고과정은 어린 시기에 형성되기 시작하여, 성인에 이르기까지 발달적 변화를 거칩니다. 여기에는 보편적인 발달 단계가 있으며 사람마다 발달 단계와 수준에 차이가 있습니다.

다음의 가설적인 상황을 봅시다.

하인츠 딜레마

유럽의 한 부인이 희귀한 암에 걸려 죽어가고 있었다. 그 부인을 치료하기 위한 방법은 같은 마을에 살고 있는 어느 약사가 개발한 라듐 성분의 신약뿐이었다. 약사는 그 약을 만들기 위해 200달러를 투자했고, 약값을 투자액의 열 배에 달하는 2,000달러를 책정하였다. 남편 하인츠는 있는 힘을 다해 돈을 구했지만 1,000달러 정도밖에 모으지 못했다. 결국 하인츠는 약사를 찾아가서 아내가 죽어가고 있으니 제발 약값을 절반으로 깎아 달라고 간청했다.

외상으로라도 팔면 다음에 그 돈을 갚겠다고 빌었다. 하지만 약사는 이를 거절했다. 절망한 하인츠는 그날 밤에 약국에 침입하여 신약을 훔칠 생각을 하고 있다.

— 콜버그, 『도덕발달의 철학』

하인츠는 약을 훔쳐야 할까요? 훔친다면 왜 그래야 할까요? 또한 그 반대라면 왜 훔치지 말아야 할까요? 이때 우리는 훔치느냐 훔치지 않느냐의 선택을 위해서 도덕적 추론을 합니다.

3수준 6단계

하인츠 딜레마에서 선택지는 두 개이지만 선택을 위한 근거는 매우 다양합니다. 도덕적 판단의 원리를 토대로 도덕성 발달 단계를 3수준 6단계로 나눌 수 있습니다. 3수준은 인습 이전(1~2단계)과 인습(3~4단계), 인습 이후(5~6단계)를 의미합니다. 구체적으로 살펴보면 첫째, 인습 이전 수준은 아이가 문화적 규칙과 선악을 맹목적으로 따르면서 행위를 물리적, 쾌락주의적 결과에 따릅니다. 둘째, 인습 수준은 구체적인 결과에 의해 판단하기보다는 개인이 속해 있는 가족, 사회 등의 기대에 의해 판단합니다. 마지막으로 인습 이후 수준은 개인이 도덕적 인습이나 집단의 권위와는 관계없이 합당한 도덕적 가치와 원리를 적용합니다. 다음 쪽의 표는 각 도덕성 발달 단계별 하인츠 딜레마 상황에서 약을 훔치는 행위에 찬성할 때의 근거에 따른 분석 내용입니다.

도덕발달은 보편적이며 자연적인 현상입니다. 발달은 낮은 수준에서 높은 수준으로의 이동을 의미합니다. 일련의 도덕적 문제 상황에 직면한 개

도덕성 발달 단계와 하인츠 딜레마

수준	도덕성 발달 단계	약을 훔치는 행위에 대한 찬성 근거
전인습	1단계: 벌과 복종에 의한 도덕성	경찰의 처벌이 두려워서
	2단계: 도구적 상대론자의 도덕성	아내를 사랑하기 때문에
인습	3단계: 개인 간의 조화의 도덕성	약을 훔치지 않으면 가족들이 비난하기 때문에
	4단계: 사회 질서 유지의 도덕성	아내를 살리는 것은 남편의 의무이기 때문에
후인습	5단계: 사회 계약의 도덕성	약의 분배는 공정함의 원칙에 따라야 하기 때문에
	6단계: 보편 윤리적 원리의 도덕성	인간의 생명은 어떤 도덕 가치보다 우선하기 때문에

인이 그 상황을 어떻게 이해하고, 어떤 방식으로 도덕적 추론을 하느냐에 따라 도덕성 발달의 수준도 다릅니다. 또래 학생 사이에서도 추론 방식에 차이가 나며 연령에 따라 추론 형식 측면에서 질적 수준 차를 보입니다.

현재 선생님께서 맡고 있는 아이들의 도덕성 발달 수준은 어느 단계라고 보십니까? 저는 '하인츠 딜레마'라는 가상의 상황을 제시하여 도덕성 발달 단계를 설명했지만, 선생님은 학급에서 학생들이 놓이는 도덕적 딜레마 상황을 실제 도덕적 추론 능력을 배양할 수 있는 학습의 기회로 삼아야 합니다. 이를 위해서 학생들의 현재 발달 단계에 대해서 정확히 진단하고, 지금보다 한 단계 도약할 수 있도록 지도해야 합니다.

탐구공동체

일상생활에서 만나는 가치 갈등 상황들에 있어서 어떤 기준에 의거해서 옳음을 선택할 수 있을까요? 우리는 현재 상황을 객관적으로 바라보고 자신이 어떤 가치들 사이에 놓여있는지 따질 수 있어야 합니다. 학교에서도 학생들에게 이러한 역량을 키울 수 있도록 가르쳐야 합니다.

교실은 하나의 공동체입니다. 학생들은 배움이라는 동일한 목표를 갖고 모였지만 학급은 개별 특성이 다른 친구들이 모인 이질집단입니다. 서로 다른 학생들이 한 공간에서 공부하다 보면 의견이 충돌하는 상황이 발생하기 마련입니다. 그렇게 되면 그 상황은 해결해야 할 학급 문제로서 공동의 관심사가 됩니다.

학교는 전통적인 가치규범의 전수를 넘어서야 합니다. 학교는 학생들에게 사회가 요구하는 가치를 가르치는 것 이상의 목표를 갖고 있습니다. 선생님은 학급 내의 다양한 도덕적 문제 상황으로 학급 구성원들을 초대해야 합니다. 학생들이 교실이라는 공론의 장에서 서로를 존중하면서 활발하게 토론하여 최적의 대안을 찾는 과정을 경험하게 해야 합니다. 그 과정에서 학생들은 자신의 의견을 뒷받침할 수 있는 합당한 논거를 제시하고 상대방의 생각과 비교해보면서 도덕적 추론 능력이 신장될 수 있습니다.

타율과 자율

대체로 어린 아이들일수록 낮은 수준의 추론 능력을 갖고 있습니다. 부모님께 칭찬을 받기 위해서 학습과제를 성실히 수행하거나 선생님께 혼나지 않기 위해 친구를 왕따시키지 않는 학생을 생각해 봅시다. 우리가 바람직한 행위를 실천하는 이유가 한낱 주변 사람들로부터의 칭찬이나 비난 때문이라면 여기에 진정으로 도덕적 가치가 있다고 말할 수 있을까요? 자기 이익을 위해서 한 일인데 그것이 공동체에 엄청난 경제적 부를 가져왔다면 그것은 좋은 일이지만 도덕적으로 선하다고 말할 수 있을까요?

철학자 칸트(Kant)는 『윤리형이상 정초』에서 도덕적 '선'의 의미를 매우 엄격하게 제시하고 있습니다. 칸트는 "이 세계에서 아무런 제한 없이 선이라고 말할 수 있는 것은 '선의지' 이외에는 아무 것도 없다"고 말합니다. 도덕적 가치는 결코 인간 행위가 만들어 낸 결과물에서 발견할 수 없습니다. 다시 말해서 칭찬이나 비난 따위에 의해서 동기화된 행동은 타율적 도덕이 자리하고 있습니다. 이와 달리 자율적 도덕은 객관적 도덕법칙을 따르려는 의무감에서 비롯됩니다. 칸트는 의지의 선함을 말할 때, 그 선함이 어떤 것인지 설명하기 위해서 '의무'의 개념을 제시했습니다.

"선의지라는 개념은 우리의 행위들의 전체적인 가치를 평가하는 데 언제나 상위에 놓여 있어 여타 모든 가치의 조건을 이루는 이 개념을 발전시키기 위해, 우리는 의무 개념을 취해 보기로 한다. 이 의무 개념은 비록 어떤 주관적인 제한들과 방해들 중에서이기는 하지만, 선의지의 개념을 함유하는바, 그럼에도 이 제한들과 방해들이 그 개념을 숨겨 알아볼 수 없도록 만들기는커녕, 오히려 대조를 통해 그 개념을 두드러지게 하고, 더욱더 밝게 빛나게 해준다."
— 임마누엘 칸트, 『윤리형이상학 정초』

의무란 일종의 명령 형태로 우리에게 다가옵니다. 의무감이란 개인이 띤 일반적인 경향성이나 자연적 정념 등을 이겨내고 어떤 도덕적 요구에 따라

행해야만 한다고 느끼는 마음입니다. 하기 싫은 일인데도 불구하고 단지 그것이 옳기 때문에 양심의 명령에 따라 실천할 때 도덕적 가치는 비로소 모습을 드러냅니다. 칸트는 자기 강제가 아닌 일체의 타율적 강요에 의한 행위에서 도덕적 가치를 찾지 않았습니다. 타인의 시선이 주는 타율적 명령과 달리 의무감에 따라 자기 스스로 정립한 도덕법칙에 자신이 복종하고 행위하는 것이야말로 진정한 도덕적 자율의 실현입니다. 예컨대 여기에 해당하는 사람이 도덕성 발달 6단계에 속합니다. 우리는 아이들에게 외부 시선에 너무 신경 쓰지 않고 주체적으로 도덕적 삶을 살아가는 힘을 길러주어야 합니다.

타인의 칭찬을 넘어

대부분 아이들은 어린이집이나 유치원에서 기초적인 생활 규칙을 익히고 초등학교에 입학합니다. 하지만 초등학교 1학년 담임선생님은 인사예절, 급식실에서 줄서기, 공공장소에서 떠들지 않기, 화장실에서 용변을 본 후 물 내리기 등 학생들이 원만하게 학교생활을 하는 데 필요한 매우 기초적이며 필수적인 생활자세부터 하나씩 가르칩니다. 선생님은 학생들의 좋은 행동을 독려하기 위해 칭찬을 자주 활용합니다. 실제로 아이들은 선생님의 '잘했다'는 말 한마디에 하루가 즐거울 수 있고, 어떤 학생은 '노래를 잘 부르는구나'라는 칭찬 한마디에 자신의 진로희망이 가수가 되기도 합니다. 교사의 칭찬과 격려는 학생들의 도덕적 행위에 큰 동기부여가 됩니다. 그러나 선생님의 칭찬이 좋은 행동을 하는 목적이 되어서는 안 됩니다. 그것이 옳기 때문에 그 행위를 해야 합니다.

어린 아이들일수록 칭찬에 매우 민감합니다. 그러나 어떤 학생이 도덕적 행동을 실천하는 핵심적인 이유가 선생님을 비롯하여 다른 사람들의 칭찬을 받는 데 국한되어서는 안 됩니다. 이러한 학생은 2~3단계의 도덕성을 벗어나지 못한 것입니다. 칸트의 말을 빌리자면, 보편적 합법칙성을 통과해야겠지만, 학생이 스스로 옳다고 판단한 준칙에 대해서 의무감에 따라 행위하면 그 자체로 가치가 있습니다. 이러한 도덕적 형식에 입각하여 행위할 때 학생은 진정으로 자유로운 존재로 거듭납니다. 칭찬에 관한 아래 두 가지 상황을 봅시다. 참고로 소영이는 초등학교 4학년 학생입니다.

상황1: 소영이와 담임선생님의 대화

소영: 선생님, 저 오늘 등굣길에 착한 일 했어요.

담임선생님: 무슨 일이었는지 궁금하구나.

소영: 학교 앞 문구점에서 3,000원짜리 연습장을 사고 오천원 권 한 장을 냈는데 거스름돈으로 주인 할머니께서 육천원을 주셨어요. 아마 거스름돈으로 천원 권 두 장을 주신다는 게 천원 권 한 장과 오천원 권 한 장을 주셨어요.

선생님: 그래서 어떻게 했니?

소영: 사실대로 말씀드리고 천원 권으로 돌려받았어요.

선생님: 정말? 잘했구나. 다음에도 비슷한 일이 있으며 꼭 그렇게 행동하렴.

상황2: 소영이의 독백

소영: 학교 앞 문구점 가게 주인 할머니께서 계신 착오로 진돈을 더 거슬러주셨다. 정직하지 못한 것은 옳지않은 일이기 때문에 이 사실을 말씀드리고 받아야 할 금액보다 초과된 거스름돈을 돌려드렸어. 내가 한 일은 정직한 행동이기 때문에 선한 일이야. 잘했어, 소영아.

상황1은 소영이가 담임선생님으로부터 칭찬을 받고 있으며, 상황2는 소영이 스스로 자신을 칭찬하고 있습니다. 상황1에서 담임선생님의 칭찬을 받는 것도 좋지만 그것은 소영이의 도덕적 행동에 부수적으로 따라오는 일부분일 뿐입니다. 소영이 스스로 도덕적 딜레마 상황에서 자신에게 금전적 이익이 될 수 있는 쪽을 버리고 '정직'이라는 가치를 선택했다는 사실 그 자체가 이 행위의 본질입니다. 이런 맥락에서 보면 상황2는 주변 사람이 알아주느냐와 상관없이 소영이가 도덕적 '옳음'을 선택한 것이 도덕적 가치의 핵심입니다. 아마도 상황2의 소영이가 상황1보다 자아효능감의 향상 측면에서도 훨씬 긍정적인 영향을 미칠 것입니다.

칭찬의 기술

학급 내 여러 도덕적 문제 사태에서 도덕적 선을 추구한 학생이 있습니다. 선생님은 그 학생이 이후에도 유사한 상황에 직면해서 자신의 과거 선택을 존중하고 지속적으로 그런 행동을 할 수 있도록 도와주어야 합니다. 흔히 말하는 강화의 방법이 좋은 교육적 방법이 될 수 있습니다. 칭찬도 같은 맥락입니다. 다만, 아이들에게 목표행동이 효과적으로 일어나도록 하기 위해서는 계속적인 강화만으로는 어렵습니다. 예를 들어 목표행동을 실천했을 때 칭찬을 받던 아이에게 칭찬이라는 강화가 중단되면 빠른 속도로 그 행동이 사라질 수 있습니다. 행동심리학자 스키너(Skinner)는 그의 연구에서 간헐적으로 강화된 행동이 오래 유지된다는 점을 밝혔습니다.

흔히 초등학교 저학년 학급에서 실시하는 스티커 보상 제도를 적용하는 사례를 보면 쉽게 알 수 있습니다. 교사는 사전에 목표행동을 일러주고 학생들이 그 행동을 실천하면 스티커를 부여합니다. 스티커가 일정 목표에 도달하면 해당 학생에게 선물을 주거나, 청소당번을 면제시키는 등 다양한 혜택을 제공합니다. '우유를 다 마시면 스티커 한 장, 친구를 도와주었으면 스티커 한 장, 급식 때 반찬을 남기지 않았으면 스티커 한 장'과 같은 방식의 강화는 기계적으로 약속된 칭찬 아닌 칭찬입니다. 학생들의 개별 특성을 이해할 필요 없이 동일 행동, 동일 칭찬이라는 단순한 강화 방식입니다. 또한 선생님이 아이들에게 차별이라는 오해를 받을 일을 원천 차단할 수 있습니다. 하지만 칭찬 스티커가 목적으로 하는 바람직한 행동의 내면화를 이끌어내는 데 한계가 있습니다.

선생님께서 '칭찬 스티커'를 사용하고 있다면, 한편으로 아이들로부터 그 스티커로부터 해방되어 선의지에 의해 행위하도록 가르쳐야 합니다. 학생이 좋은 일을 수행했을 때 무조건적으로 칭찬해주기보다는 학생들로 하여금 자신의 행동이 바람직하기 때문에 실천했다는 점에 의미를 부여하도록 말입니다. 칭찬에도 기술이 필요합니다. 선생님이 키우고 있는 고래들에게 춤 말고 도덕적 주체로서의 삶을 기대해보면 어떨까요?

만남 이후

우리 반 아이들은 자신의 삶의 주체인가? 돌이켜보면 학급 경영을 할 때 학생들에게 많은 자유를 부여하지 않은 것 같다. 칭찬 스티커의 활용, 다양한 교실 규칙의 제시는 학생들의 생활 태도를 통제하는 것이 주된 목적이었다. 내 가치관에 부합하는 규율들을 제시하고 그것을 철저하게 준수하는 학생들에게 성실, 배려, 솔선수범 등의 용어를 써가며 칭찬했다. 내가 제시한 규율은 학생들의 학교생활을 타율적으로 강제해 왔다. 어찌 보면 이것은 학생들에게 올바른 생활습관을 길러줘야 한다는 교사로서의 사명보다는 학생 지도의 편의를 도모하기 위한 방편이었다.

이제 나는 학급의 규칙을 하나씩 제거하는 시도를 계획 중이다. 그 동안 학생들의 자율성을 훼손하며 교실공동체의 군주로서 군림했던 통치자의 모습을 버리고 학생들이 필요성을 느끼는 규칙에 대해서 상호 협의를 통해서 제정하는 기회를 제공하고자 한다. 나의 개입은 최소화하고 학생들이 정한 규칙이 학급에서 어떻게 작동하는지 스스로 확인하며 검토하는 생활을 독려하겠다. 우리 반 학생들이 학교 안팎의 일상에서 발생하는 다양한 딜레마 상황에 대해 친구들과 함께 숙고하여 합리적인 대안을 찾고, 그것이 옳다고 생각하면 용기 있게 실행에 옮길 수 있도록 지도하겠다. 물론 자신의 행동에 책임을 질 줄 아는 덕을 놓치지 않으면서 말이다. 교실은 도덕적 탐구공동체가 되고 학생은 그 공동체의 진정한 주인이 되어 참여하는 시민으로 거듭나길 꿈꾼다.

관계의 전략화

비고츠키와 만나다

레프 비고츠키(Lev Semenovich Vygotsky, 1896~1934)

비고츠키는 아동이 사회와 문화의 영향을 받으며 성장하는 존재라고 규정하였으며 언어와 학습을 통해서 인지발달이 이루어진다고 주장하였다. 그는 학습이 발달을 선행하고 주도한다고 하였으며 학습과 발달의 관계를 보다 명확히 규명하기 위해 근접 발달 영역이라는 개념을 제시하였다. 성인과 사회적 상호작용이 아동의 근접발달 영역 내에서 작용할 경우 진정한 발달이 일어난다고 역설하였다.

"사회적 상호작용은 학습의 기원이자 엔진과도 같다."

- L. S. Vygotsky -

마음 열기

아이들이 학습 과제를 수행하다가 어려움에 부딪히는 상황을 목격하면 여느 선생님들과 마찬가지로 그 어려움을 해결해주기 위해서 아이와 대화를 한다. 아이들은 선생님의 도움을 받고 나서 내가 언제 어려워했냐는 듯이 수월하게 문제를 해결할 때도 있지만 때로는 예상과는 전혀 다른 방향으로 엉뚱하게 문제를 해결하거나 선생님의 말씀이 무슨 뜻인지 도통 모르겠다는 반응을 보인 적도 있다.

아이들에게 예상한 행동이나 모습이 나타나지 않을 때는 늘 의구심이 든다.

'어, 이상하다. 내 말이 도움이 안 되네?'

괜히 조바심이 나며 이렇게 생각해보는 것은 어떨까, 저렇게 해보면 어떨까 아이에게 도움이 될 말한 말들을 마구 마구 쏟아 낸다. 그래도 변함없는 아이의 모습을 보게 되면 결국 다음과 같은 생각을 하게 된다.

아이에게 선입견을 갖게 되고 이렇게 된 상황을 괜스레 아이 탓으로 돌리게 된다. 그리고 나서 아이에게 정답을 바로 가르쳐주는 참을성 없는 선생님이 되어버린다. 이러한 경험이 있을 때마다 내가 갖고 있는 학습 지도역량에 대해 의문을 갖게 되고 교사로서 자존감이 많이 줄어든다. 때로는 내 말을 못 알아듣는다며 학습 곤란에 빠진 아이에게 닦달하거나 핀잔을 주게 되어 나름 괜찮다고 생각하는 아이들과의 관계까지 갈수록 안 좋아지는 느낌이다. 지나고 나면 항상 아이들에게 미안한 마음이 들고, 교사로서 도움을 제대로 주지 못한 것에 대해 한숨 섞인 후회를 하기도 한다.

어떻게 지도해야 아이들이 선생님의 도움을 쉽게 받아들이고 과제를 수행하는 데 있어 그 도움을 충분한 발판으로 삼을 수 있을까? 어떠한 방향으로 도움을 주어 아이들의 과제 해결을 돕고 격려할 수 있을까? 어떻게 발문하면 효과적일까?

아이들이 선생님의 도움을 실질적인 단초로 명쾌하게 받아들여 한 단계 한 단계 성취해나가는 모습에 흐뭇해하는 나를 생각해보지만 지금의 상황으로 볼 때 그러한 상상이 현실로 될 가능성은 너무나도 요원해 보인다.

비고츠키가 말하다

학교와 교사가 아동의 발달에 미치는 영향은 얼마만큼 될까? 비고츠키는 아동이 사회적·문화적 환경에서 모방과 관계를 통해 학습이 이루어진 다음 발달이 이루어진다고 함으로써 학교와 교사의 필요성을 매우 강조하였다. 또한 그가 이야기하는 교사의 역할을 고려하였을 때 미래에는 인공지능이 교사의 역할을 대체할 것이라는 예측이 아직까지는 지나친 비약임을 쉽게 알 수 있다. 그만큼 교사는 아동의 학습과 발달에 있어서 매우 중요한 위치에 있는 존재다. 비고츠키의 이론을 통해 아동의 학습과 발달에 대한 교사의 영향을 생각해보고 교사가 아동의 학습을 위해 알아두어야 할 도움말들을 알아보고자 한다.

이런 상황에서 교사로서 어떤 노력을 해야 할까요

선생님, 아이들에게 정성과 열의를 갖고 도움을 준다고 해서 모두 효과적이지는 않습니다. 가르치고 있는 아이의 발달 수준을 파악하고 그에 맞는 도움을 주어야 합니다. 혹시 선생님께서는 아이의 발달 수준을 파악하고 나서 그에 맞게 학습 지도를 하고 있나요? 그렇다면 발달 수준을 어떻게 파악하시나요? 흔히 어느 수준의 과제를 가지고 어느 정도의 수준으로 해결했는가로 발달 수준을 알아내고 있죠. 중요한 것은 아이가 현재 위치한 발달 수준뿐만 아니라 지금 이 시간에도 계속해서 발달하고 있는 상태의 수준들도 고려해야 한다는 점입니다. 즉 실제 수준뿐만 아니라 근접 발달 영역을 고려해야 한다는 것이죠.

여기서 근접 발달 영역이란 혼자 해결할 수 없지만 교사의 도움을 받게 되면 해결할 수 있는 영역을 의미합니다. 선생님께서 아이를 지도하실 때 조금만 더 하면 도달할 것 같은데 이때 선생님의 도움을 받자마자 속 시원하게 도달할 때가 있었을 것입니다. 도달하기 직전의 수준이 바로 근접 발달 영역이라고 할 수 있습니다. 정리하자면 근접 발달 영역은 아이의 잠재적 발달 영역에서 혼자의 힘과 능력으로 해결할 수 있는 부분인 실제적 발달 영역을 제외한 영역이라 할 수 있겠습니다.

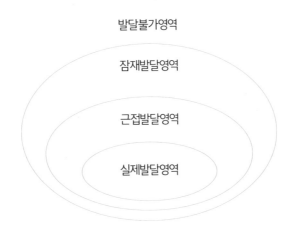

그렇다면 근접 발달 영역은 어떻게 알 수 있을까요? 아이가 혼자 할 수 있는 과제와 함께 교사와의 협력을 통해서 해결할 수 있는 과제를 고려하여 근접 발달 영역을 파악해야 합니다. 음악 수업 시간에 리코더 악기를 혼자의 힘으로 연주할 수 있는 곡으로 아이의 실제 발달 수준을 알 수 있고, 교사가 새로운 음을 연주하는 운지법을 가르쳐줌으로써 연주할 수 있는 곡으로 아이의 근접 발달 영역을 알 수 있는 것이죠.

근접 발달 영역에 대해 조금 더 자세하게 안내해드리겠습니다. 근접 발달 영역은 '바로 다음'으로 발달할 영역을 의미하는 것이지, 몇 단계를 훌쩍 뛰어넘을 수 있다는 가능성을 의미하지는 않습니다. 교사의 한두 가지 도움을 받고 나서 리코더로 충분히 연주할 수 있는 곡의 수준으로 아이의 근접발달영역을 알 수 있는 것이지, 비브라토나 장식음 연주 등 고급 기법으로 연주해야 하는 곡의 수준으로 근접 발달 영역을 알 수 없는 것과 마찬가지입니다.

또한 근접 발달 영역은 아이의 나이나 발달 시기와도 관련이 있긴 하지만 관계에 더 깊은 관련이 있습니다. 여기서 관계란, 아이와 교사 간 이해와 소통이 가능한 '협력' 관계를 말하는 것입니다. 발달에 우선적인 것은 관계입니다. 아이와 교사의 사회적 관계가 발달의 원천이 되는 것이죠.

따라서 아이의 바로 다음 단계로 발달시킨다는 목표를 가지고 교사와 함께 학습하는 관계를 구축하는 것이 근접 발달 영역 창출을 위해 아주 중요한 일이라 할 수 있겠습니다. 달리 생각해보면 교사와 아이 관계가 멀거나 좋지 않은 사이까지는 아니라도 그 관계가 서먹서먹하다면 학습이나 수업이 제대로 이루어지지 않는 것은 당연한 일이겠죠?

아이들의 근접 발달 영역을 발달시키기 위해 어떻게 해야 하나요

교사는 아이가 스스로 할 수 있는 것에 집중하여 수행할 수 있도록 도와주어야 하며, 아이의 발달을 가속시키는 역할을 수행해야 합니다. 그리고 현재 학습 상황에 맞는 적합한 수준의 도움을 아이에게 제공할 시기를 알고 적절하게 투입해야 합니다.

이렇게 근접 발달 영역 내 효과적인 학습을 위해 교사가 아이에게 유용한 도움을 제공하는 것을 스캐폴딩(비계설정, Scaffolding)이라고 합니다. 원래 스캐폴딩이라는 용어는 건물을 건축하거나 수리할 때 인부들이 오르내릴 수 있도록 세운 발판을 세우는 것을 의미하죠. 교육 분야에서는 이 용

어를 아이의 발달을 위한 교육적인 도움이라는 뜻으로 은유적으로 표현하게 된 것입니다. 제가 세상을 일찍 떠나는 바람에 스캐폴딩에 대해 연구를 하지 못했는데, 감사하게도 후속 연구자들이 근접 발달 영역의 발달을 촉진시켜주는 스캐폴딩에 대해 많이 연구하고 탐구해왔지요.

스캐폴딩이 아이들에게 효과적으로 제공되려면 앞에서 말씀드린 대로 아이가 혼자 충분히 해결할 수 있는 수준보다 바로 윗수준인 근접발달영역 수준에서 설정되어야 합니다. 그런 다음 아이들의 발달을 상위 수준으로 이끌어 주기 위한 협력과 모방의 과정이 이루어져야 합니다. 협력은 선생님이 아이를 가르치거나 도와줌으로써 아이의 발달을 도모하는 것이며, 모방은 외부 환경에서 아이 내부로 학습 과정이 이루어지는 것을 의미합니다.

다시 말해 아이와 교사의 관계 속에서 이루어진 학습이 아이 개개인의 발달로 변환되는 과정이야말로 바로 진정한 발달이라고 할 수 있습니다. 발달은 학습을 도와주던 교사가 곁에 없더라도 교사에게 받았던 도움을 모방하여 아이 스스로 문제를 해결하는 단계인 것입니다. 아이는 오늘 협력을 통해서 할 수 있는 것을 내일에는 혼자서 할 수 있다는 저의 말을 잘 기억해두세요.

또래 친구들도 근접 발달 영역을 발달시킬 수 있을까요

또래 친구들 간의 관계에서는 바람직한 발달의 이상적 형태가 존재하지 않기 때문에 친구들 간의 상호작용은 오히려 발달을 더디게 하거나 이상적인 형태와는 전혀 다른 정신 기능을 발달시킬 수 있습니다. 또래 친구들보다는 더욱 정교한 문화적 지식을 갖추고 행동하는 성인, 즉 교사를 모방함으로써 아이들은 더욱 더 잘 발달될 수 있습니다.

근접 발달 영역에서는 학습을 통해 습득하는 과학적 개념과 상황적이고 경험적으로 습득하는 일상적 개념 간의 역동적인 상호작용이 일어나서 발달이 이루어집니다. 여기서 과학적 개념은 체계적이고 전문적인 학습을 통해 습득할 수 있으며 아이의 일상적 개념에 지식의 구조를 제공해줍니다.

교과 수업에서 아이들이 학습해야 할 과학적 개념을 설명해주기 위해서 교사들은 보통 언어적 정의로 설명을 하죠. 이때 아이들에게 앞서 배웠거나 이미 알고 있는 친숙한 언어로 풀어서 설명해줍니다. 예를 들어 3학년 국어 교과 시간에 교사는 '문단'이란 무엇인지를 가르치기 위해서 다음과 같이 설명합니다.

"문단이란 여러 개의 문장이 모여 하나의 생각을 나타내는 것입니다. 문단들이 모여서 하나의 글이 됩니다."

'문단'을 설명하기 위해서 1학년 때부터 학습해서 이미 알고 있는 '문장'이라는 개념을 사용합니다. 그리고 국어 교과서에 나와 있는 지문을 함께 읽어보고 글이 크게 몇 개의 생각으로 구분할 수 있는 지를 아이들에게 물어봄으로써 하나의 생각을 나타내는 문장 덩어리가 바로 '문단'이라고 이해하게 합니다. 이러한 일련의 과정을 수행하기 위해서는 또래 친구보다는 선생님의 전문적인 역할이 반드시 필요합니다.

수업에서 스캐폴딩을 활용해보고 싶습니다. 어떤 방법이 있을까요

많은 연구자들과 교육실천가들이 근접 발달 영역을 발달시키기 위한 다양한 유형의 스캐폴딩을 연구하고 제시하여 왔습니다. 아이가 과제를 해결하는 데 있어 선생님께서 활용하실 수 있는 스캐폴딩들을 하나씩 설명해드리지요.

먼저 아이가 과제를 제대로 이해했는지를 확인하기 위하여 아이에게 해결해야 할 문제가 무엇인지를 다시 물어보고 확인하는 방법이 있습니다. 그리고 과제 해결에 있어서 중요한 특정 부분을 살짝 언급해줌으로써 아이들이 수월하게 문제를 해결할 수 있게 해주는 방법도 있지요.

예를 들면 한 아이가 수학 문제를 해결하는 도중에 어려움을 겪다가 선생님께 도움을 요청하는 경우 다음과 같이 도움을 줄 수 있습니다.

"지금 해결해야 할 문제는 무엇인지 알고 있나요? 한 번 설명해볼래요?"

"문제에서 제시된 수들은 문제를 해결하는 데 있어 어떠한 관련이 있을까요?"

"제시된 수들 중에서 문제해결에 가장 먼저 필요한 수는 어떤 수와 어떤 수일까요?"

라고 되물어봄으로써 아이가 과제를 해결하기 위한 전략을 세우는 데 도움을 줄 수 있습니다.

이런 경우도 생각해볼 수 있습니다. 만약 아이가 과제를 해결하는 과정에서 실수를 하고 있다면 어떻게 해야 할까요? 그럴 때에는 실수했을 때의 결과와 정확하게 해결했을 때의 결과를 비교하여 불일치한다는 것을 알려주셔야 합니다. 그래야 자신의 과제 해결 과정이 잘못되었다는 것을 직접적으로 알려주는 것보다 기분과 감정이 상하지 않고 스스로의 깨달음을 통해 알 수 있습니다.

예를 들어 한 아이가 수학 시간에 분모가 다른 분수를 덧셈하는 방법을 정확하게 이해하지 못한 상태에서 관련 문제를 해결하고 있다고 가정해봅시다. 그 아이가 분모를 통분하지 않고 분모끼리 그대로 더해서 풀었을 경우 앞서 말씀드린 스캐폴딩 방법으로 어떻게 도움을 주시겠습니까? 정답인 분수 그림과 함께 아이가 도출한 잘못된 결과의 분수 그림을 그려 제시해줌으로써 분수에 대해 잘못 이해하여 잘못된 방법으로 풀었다는 것을 깨닫게 해줄 수 있습니다.

그리고 선생님의 올바른 과제 해결 과정을 전체적으로 직접 시범을 보여줌으로써 아이가 선생님의 과제 해결 프로세스를 그대로 따라할 수 있도록 안내해주는 방법이 있습니다. 아이들이 글의 중심 내용을 파악하는 과제를 해결하기 전에 선생님이 먼저 중심 문장과 뒷받침 문장을 구분함으로써 중심 내용을 간추리는 과정을 시범으로 보여준다면 아이들이 말로 설명 듣는 경우보다 훨씬 수월하게 중심 내용으로 요약할 수 있을 것입니다.

그밖에 학습하는 도중 어려움에 부딪힐 경우에는 선생님이 학습 과제와 관련된 행동을 직접 보여줌으로써 말의 의미를 이해하도록 해주는 스캐폴딩이 있습니다. 또한 아이가 사용하는 일상적 언어로 문제 해결과 관련된 예시를 들어주거나 문제를 풀어서 설명해주는 방법이 있습니다. 그리고 선생님이 아이의 발화를 조금 더 정확하고 구체적으로 다시 발화해줌으로써 아이 자신이 정확하게 이해하지 못한 상황에서 말한 발화 내용을 선생님의 정제된 말을 통해 정확하게 이해하고 문제 해결 방법을 스스로 찾아내게 하는 방법이 있습니다.

혹시 스캐폴딩에는 인지적인 방법들만 있을까요

그렇지는 않습니다. 그동안 여러 연구들을 통해서 아이들에게 제공되는 유머 사용, 격려, 경청, 따뜻한 반응, 웃음이나 비언어적 표현 등 정서적인 측면의 스캐폴딩 또한 도움을 준 것으로 나타났습니다. 학습 과정에서 주고받는 칭찬이나 격려도 정서적인 스캐폴딩의 유형으로도 볼 수 있겠죠.

먼저 학습 활동을 실행하는 도중에는 아이의 부담을 줄일 수 있는 전략으로 유머를 사용하여 부드러운 분위기를 조성해주거나 격려해주는 스캐폴딩이 필요합니다. 그리고 협동학습 상황에서는 개개인이 해결하는 과정이나 결과에 대해 "정말 잘하고 있어. 네 덕분에 너희(우리) 모둠이 과제를 멋지게 해결할 수 있을 것 같아"와 같이 교사와 모둠 친구들이 다함께 따뜻하게 반응해주는 것도 좋은 스캐폴딩 방법입니다. 아이가 과제를 수행하는 도중 느낄 수 있는 초조함을 덜어주기 위해 해결하는 과정을 아무런 개입 없이 처음부터 끝까지 지켜보거나 경청하는 방법이 있습니다.

그리고 과제 해결을 실패할 경우 느낄 수 있는 좌절감을 감소시키고자 노력해주는 방법이 있습니다.

"사실 이 과제를 완벽하게 해결한 친구들은 많지 않단다."

"처음 이 문제를 접한 것이니 해결하지 못했다고 너무 속상해하지 말아라. 나중에 도전할 때에는 꼭 해결할 수 있을 거야."

라고 선생님이 격려를 해주면 아이는 보다 편안한 분위기에서 학습할 수 있을 것입니다.

만약 계속해서 좌절감을 느끼게 되면 학습에 흥미를 완전히 잃어버릴 우려가 있으므로 실패한 경험을 재도전의 발판으로 삼도록 그 기회를 전환시킬 수 있는 말을 적절하게 해줄 필요가 있습니다. 낙담하는 아이들을 격려하기 위한 위인들이나 유명인들의 격언이나 일화를 다음과 같이 얘기해주는 것도 좋은 방법이 될 수 있습니다.

'네가 평소에 존경하고 있는 에디슨이 이렇게 말했단다. '나는 실패하지 않았습니다. 나는 단지 효과가 없는 만 가지 방법을 발견했을 뿐'이라고. 그러니 너도 잘 되지 않아서 힘들더라도 계속해서 도전한다면 작은 실패들은 결국 네가 성공하는 데 과정들이 될 것이란다.'

교수학습 상황에서 아이에게 인지적인 측면의 스캐폴딩뿐만 아니라 정서적 측면의 스캐폴딩 또한 중요하며, 아이들의 발화에 대해 다양하고 적극적인 반응을 해줄 필요가 있다는 것을 꼭 명심해주시고 실천해주세요.

아이들에게 스캐폴딩을 제공할 시 유의할 점이 있을까요

스캐폴딩을 제공한다는 것은 해당 아이의 발달 수준에 적합하고 적절한 도움을 제공하는 것이라는 사실을 꼭 기억하고 실천해주셔야 합니다. 만약 제공한 스캐폴딩이 아이에게 도움이 되었다면 그 다음부터는 스캐폴딩의 수준과 횟수를 조금씩 줄여 나가고 최소한의 도움을 주세요. 도움이 필요 없을 때에는 아이가 더 이상의 어려움이 없이 스스로 주어진 과제를 해결하는 단계이므로 만약 도움이 제공되었을 경우 오히려 역효과가 날 수 있음을 주의하세요.

교사는 아이들에게 훌륭한 인지적 모델이 되어야 합니다. 문제 해결 방법을 배울 때 아이들은 교사의 시범을 모델화함으로써 고등정신기능을 배우게 됩니다. 따라서 교사의 사고과정을 아이들이 잘 따를 수 있도록 문제 해결 접근 방법의 전 과정을 아이들의 수준에 맞게 설명할 수 있어야 합니다. 여기서 중요한 것은 교사의 모델링이 반드시 아이들의 근접발달영역 안에서 이루어져야 한다는 것입니다. 그렇지 않으면 아이들은 과제 해결에 대한 관심이 없어지거나 단순하고 무의미한 모방에 그치게 되어 제대로 된 학습이 이루어지지 않게 됩니다.

좋은 선생님이 되고 싶습니다

좋은 선생님에 대한 생각이 매우 다양하겠지만 저의 관점에서 봤을 때는 이렇게 말씀드릴 수 있을 것 같습니다. 먼저 좋은 선생님은 아이들의 발달 수준을 끊임없이 확인하며 근접 발달 수준에 상응하는 수업을 해야 합니다. 그리고 직접적인 해답이 아닌 도움말을 건네주려 노력해야 하며, 아이의 의도를 파악하기 위해 선생님은 그들의 말을 주의 깊게 들어야 하고 또한 그들의 언어로 말을 건네야 합니다. 아이들과의 교육적 대화에 지속적으로 노력해야 하며, 대화가 활발히 이루어져 유의미한 학습이 발생할 수 있도록 항상 학습 환경을 고민하고 설정해주어야 합니다.

좋은 선생님은 과제가 내포하고 있는 주제 개념들과 일반적인 법칙들에 대해 충분한 지식을 갖추어야 합니다. 그러한 지식을 바탕으로 아이가 구체적인 것에서부터 일반적이며 추상적인 방향으로 학습하도록 도와주어야 하며, 반대로 선생님은 일반적 개념을 잘 나타내어주는 구체적인 언어와 실례를 들어 가르쳐야 합니다. 즉 이중적 전개가 이루어질 수 있도록 수업 계획을 구성하고 실천해야 합니다.

그리고 좋은 선생님은 비감독적인 보조 역할을 수행할 수 있어야 합니다. 가르침에 있어서 권위적이거나 감독적인 요소는 아이를 억압하게 하고 학습이 전혀 이루어지지 않게 합니다. 참다운 권위는 오히려 아이와의 상호적인 관계에서 발생하며 올바른 가르침이 가능하게 합니다.

지금까지 제가 말씀 드린 것을 요약하자면 교사는 교육적 대화를 바탕으로 하여 아이와의 관계가 원만해야 하며 그 관계에 기반하여 해당 아이가 머물고 있는 근접발달영역의 위치를 정확하게 파악한 다음, 적절한 도움을 체계적으로 그리고 전략적으로 고려하여 아이에게 적합한 언어와 행동으로 제공해주는 선생님이 좋은 선생님이라고 할 수 있겠습니다.

학습은 반드시 발달을 앞설 때에만 교육적 가치를 가질 수 있다는 제 말씀을 항상 염두에 두고 교실에서 이루어지는 학습이 아이들에게 과연 발달을 가져다 줄 수 있는 의미 있는 학습인지를 항상 고민하며 교육 활동을 전개해 나가면 분명 선생님께서 바라시는 좋은 선생님이 되실 수 있을 것이라 믿습니다.

만남 이후

아이를 가르치기 위해서는 아이와 교사의 올바른 관계 맺기부터가 시작이라는 것을 알게 되었다. 교사의 지도에 대한 아이의 이해 여부를 떠나 아이가 교사의 말을 신뢰하고 집중해서 듣게 하기 위해서는 아이와 선생님 간 신뢰가 바탕이 되어야 한다. 교사가 아이의 현재 학습 수준이 어느 정도인지를 아는 것뿐만 아니라 아이가 평소에 하는 말투나 최근 관심 있어 하는 분야를 아는 것만으로도 교사가 학습 내용을 아이의 말로 쉽게 설명하거나 그 예를 귀에 쏙 들어오게 제시하는 데 분명 큰 도움이 될 것이다. 그리고 아이가 지금 이 시점에서 교사의 도움을 받으면 어느 정도의 성취를 이룰 수 있을지 혹은 어느 정도까지 발달할 수 있을지 등 아이의 근접발달영역을 파악하여 가르치는 것은 매우 큰 의미가 있을 것이다.

아이들이 목표까지 도달할 수 있도록 똑같은 길을 알려주는 것이 아니라 아이들 개개인의 근접발달영역을 고려하여 그에 맞는 각기 다른 길을 안내해줄 것이다. 험하지만 충분히 빨리 갈 수 있는 아이와 다소 느리지만 인내를 갖고 꾸준히 갈 수 있는 아이에게는 각각 다른 길을 가르쳐줘야 한다. 교육은 단순한 행위가 아닌 복잡다단한 사회적 상호작용을 바탕으로 이루어지는 것이기 때문에 높은 전문성을 갖고 있는 교사만이 행할 수 있다는 생각이 든다.

아이들을 가르친다는 것은 교사로서 엄청난 사명감과 높은 수준의 역량을 필요로 한다고 가르침을 줬던 비고츠키와의 대화를 복기해보고 내일 교실에서 아이들과의 긍정적인 관계에 바탕을 둔 의미 있는 교육활동이 이루어질 수 있도록 용기를 가져본다.

살아있는 프로젝트

킬패트릭과 만나다

윌리암 킬패트릭(William H. Kilpatrick, 1871~1965)

킬패트릭은 미국의 진보주의 교육학자이다. 그의 사상은 듀이의 '경험'과 유사하다. 그가 살았던 19세기 말과 20세기 초의 교육은 지식 중심과 교사 주도의 교육으로 많은 비판을 받았다. 기존의 지식을 반복하여 암기하는 방식의 교육에 한계가 드러난 것이다. 이와 관련하여 킬패트릭은 학생들에게 유의미한 교육이 되기 위해서는 각 교과의 영역을 분리해서 가르치는 것이 아니라 학습자의 흥미를 중심으로 가르쳐야 한다고 주장했다.

"교육은 성인생활에 대한 준비가 아니라 생활 그 자체이다."

- W. H. Kilpatrick -

마음 열기

8시 30분. 오늘도 어김없이 출근. 그리고 또다시 시작되는 1교시. 교육과정의 성취기준을 가르치기 위해 교과서를 펴거나 나름 재밌고 유익하다고 생각하는 활동들을 아이들에게 제시한다. 그러다 문득 이런 생각을 갖는다.

'지금 내가 가르치는 것이 아이들의 삶, 아이들의 미래에 얼마나 큰 영향을 줄까? 내가 지금 하는 교육 방법이 옳은 것일까?'

가르치는 방법의 차이는 있겠지만, 10년 전의 아이들도 배웠던 수업내용을 지금도 배우는 우리 아이들. 아이들의 삶 속에서 그러한 교육이 가지는 의미는 무엇일까? 학교에서 공부를 하고 집이나 학원에서도 공부하는 아이들을 보면 이 아이들은 무엇을 위해서 공부를 하는가 하는 궁금증을 갖게 한다. 교과서를 읽고 문제를 풀어보는 활동이 과연 아이들에게 가치 있는 것일까? 아이들에게 흥미를 주는 것들일까?

그렇다면, 아이들에게 가치가 있고 아이들의 삶을 더 낫게 만드는 교육은 어떠한 것일까? 혹은 어떻게 수업하면 아이들의 삶에 도움이 될 수 있을까? 선생님으로서 주어진 사명을 다하고 만족할만한 수업을 할 수 있는 방법은 무엇일까? 아마도 교사라면 누구나 이러한 고민들을 하며 교단에 설 것이다. 그리고 이러한 고민들을 해결하기 위해 여러 가지 교수학습 방법론을 공부하며 노력한다.

우리나라의 교육경쟁력은 학업 성취 측면에서 매우 높은 수준에 있다. PISA(국제학업성취도평가) 결과를 보면 늘 우리나라의 학생들은 상위권에 속해 있다. 물론 이 수치만으로 각 국가의 교육경쟁력을 일반화하기란 어렵지만 다년간 평가 결과에서 높은 점수를 받았다는 것은 자부심을 느끼기에 충분하다. 문제는 성취도가 아닌 학습에 대한 정의적 영역의 결과에 있다. 학생들의 높은 학업성취도와 달리 수학, 과학에 대한 흥미는 다른 나라들에 비해서 현저히 떨어진다는 점이다.

실제로 내가 가르치고 있는 반의 아이들 중에서도 또래 아이들에 비해서 사회 분야에 박학다식하고 학습성취도 면에서도 두각을 나타냄에도 불구하고 사회 수업에 흥미를 보이지 않는 학생이 있다. 이미 자신이 알고 있는 지식을 단순히 확인하는 차원의 수업에 매력을 느끼지 못해서일까? 나의 가르치는 역량이 부족해서일까? 동기유발에 신경 쓰며 학습으로 참여를 유도하지만 여전히 한계가 있다. 어떻게 하면 학생 모두가 주인공이 되어 참여하는 수업을 만들 수 있을까?

나는 교사의 교수학습 역량을 기르고 학교 교육의 질을 높이는 여러 가지 방법들 중에서 프로젝트 학습에 매료되었다. 프로젝트 학습은 학생들의 생활세계에서 아이들이 정말 궁금해 하고 관심 있어 하는 문제를 교육과정으로 가져올 수 있는 유용한 교수 방법이다. 많은 교육실천가들이 이야기하고 대부분의 선생님들이 한 번쯤은 자신의 학급에서 적용했거나 적용 중인 프로젝트 수업. 이와 관련하여 프로젝트 학습으로 주목받았던 킬패트릭의 이야기를 통해 프로젝트 수업을 성찰해보면 어떨까?

킬패트릭이 말하다

아이들에게 유의미하며 현재의 가치 있는 생활을 만족시켜주고 미래를 대비할 수 있는 교수학습 방법에는 어떤 것이 있을까? 그것은 아마도 프로젝트 학습일 것이다. 프로젝트 학습. 우리는 일상생활에서 '프로젝트'란 말을 많이 사용한다. 어떠한 업무를 할 때에도 '프로젝트'라는 단어를 사용하는데, 과연 프로젝트 학습은 무엇을 이야기하는 것인가? 프로젝트라는 단어의 활용이 방대한 범위에서 이루어지기에 우리는 '프로젝트 학습은 이런 것'이라고 쉽사리 말하지 못한다. 프로젝트 학습이란 단어를 처음 사용한 것은 킬패트릭이 아니지만 프로젝트 학습을 널리 퍼트린 그의 프로젝트 학습을 통해 우리들의 수업을 개선하는 방법을 알아보도록 하자.

학생들에게 어떠한 교육을 해야 할까

기존의 전통적인 교육 방식은 사전에 설정된 학습해야 할 교과 및 내용을 습득하기 위해 노력하는 것이라고 할 수 있습니다. 이러한 교육 방식이 많은 교육학자들로부터 적지 않은 비판을 받아왔는데 그 이유가 무엇일까요? 정해진 교육내용을 학습하고 이를 성공적으로 학습하였는지를 평가하기 위해 과제를 제시하고 평가를 실시하며 결과를 받아들이는 교육은 아이들의 삶에 유의미하다고 볼 수 없기 때문입니다.

저는 이러한 교육 방식은 교육이 갖는 본질을 훼손한다고 생각합니다. 교육의 본질은 교육을 받는 자의 성장에 있습니다. 학습자가 다양한 활동들을 통해 지식을 얻거나 배우고 습득한 지식을 활용하고 바람직한 가치관, 생활습관을 갖는 것이 교육의 본질인 것입니다. 다시 말해, 교육은 생각할 기회를 주고 행동하는 능력을 갖추도록 하는 것입니다.

생각하고 행동하는 능력을 기르기 위해서 교육내용은 아이들의 삶과 맞닿아 있는 것이어야 합니다. 그렇기에 교육은 삶 그 자체라고 할 수 있습니다. 아이들의 삶 속에서 가치 있는 것을 찾아내고 다시 그것을 자신 삶의 일부로 만들도록 도와주는 것이 교육이라고 할 수 있는 것입니다. 쉽게 말하자면, 아이들이 학습한 중요하고 유의미한 경험을 통해 또 다른 후속 경험을 만들어내고 그 경험은 다시 아이들의 삶이 되어가는 과정이 교육입니다. 결국, 교육의 본질은 아이들의 삶 속에서 보다 가치 있는 경험의 반복을 통해 민주시민을 길러내는 것입니다.

무엇을 가르쳐야 할까

'아이들에게 가르쳐야 하는 것은 무엇인가?'에 대한 대답은 간단하기도 하지만, 어려운 문제이기도 합니다. 단순하게는 교육과정의 성취기준 혹은 교과서 내용을 가르쳐야 한다고 답할 수 있겠습니다. 하지만 우리는 한 가지 사실을 고려해야 합니다. 아이들이 살아갈 세상은 과거의 세상이 아니란 점입니다. 우리가 후손들에게 가르쳐야 하는 것들은 대부분 과거에 중요하다고 여겼던 것들입니다. 물론 기존의 교육내용을 모두 부정하는 것은 아닙니다. 다만, 가능하다면 우리는 아이들이 살아갈 미래에 쓰일 수 있는 능력을 길러 주어야 한다는 것입니다. 세계는 고정된 것이 아니라 끊임없이 변화하기 때문입니다.

세계가 고정되어 있다고 한다면 이러한 세계에서 발생하는 사회나 개인의 문제 역시 변함이 없기 때문에 이에 대한 해결책을 가르칠 수 있을 것입니다. 하지만 세계는 고정되어 있지 않고 끊임없이 변화하며 그 변화 속도도 상당히 빠릅니다. 과연 이런 현실 속에서 아이들에게 그들이 살아갈 미래의 사회적인 혹은 개인적인 문제에 대한 해결책을 제시할 수 있을까요? 아마 불가능할 것입니다. 따라서 우리는 아이들에게 생각하는 힘인 사고력을 키울 수 있는 것들을 가르쳐야 하지 않을까요? 최선이 사고력으로 행동하는 습관을 기르고 스스로 반성할 수 있는 것들을 가르쳐야 할 것입니다. 이를 위한 교수학습 방법의 하나로 프로젝트 학습을 이야기할 수 있습니다.

프로젝트 학습

프로젝트란 말의 어원을 살펴보면 'pro'는 '내던지다'의 의미를 갖고 'ject'는 '과제'의 의미를 갖고 있습니다. 다시 말해 project는 '앞으로 내던져진 과제'라고 볼 수 있습니다. 앞서 이야기한 바와 같이 아이들의 삶 속에서 문제를 직면하고 이를 해결하는 것들을 프로젝트라고 할 수 있습니다.

교실 속에서 이루어지는 프로젝트 활동에 대해 이야기 해봅시다. 교실에서의 교육은 유목적적인 활동이어야 합니다. 유목적적 활동은 민주사회 속에서 행해지는 가치 있는 생활의 한 단위이기 때문입니다. 이러한 유목적적 활동으로 이루어진 학습을 우리는 넓은 의미의 프로젝트 학습이라고 부를 수 있습니다.

이렇게 프로젝트 학습을 정의한다면 그 범위가 굉장히 넓기에 다소 좁은 의미의 프로젝트 학습에 대해 알아보겠습니다. 프로젝트 학습이란 주어진 문제 상황에 대해 목표를 설정하고, 계획을 세운 뒤, 이를 실행해보고 그 결과를 스스로 반성 및 평가해보는 활동으로 이루어진 것입니다.

다른 학습방법과의 차이점

프로젝트 학습은 문제해결 중심 학습과는 다르게 교사에 의해 구조화된 문제 상황을 소개받습니다. 물론 학생들이 문제 상황을 인식할 수도 있습니다. 하지만 오늘날의 우리 교육 현실에서는 쉽지 않은 이야기입니다. 다만 문제 상황을 소개하는 것은 선생님일지라도, 우리는 학생들 스스로 문제를 인식하고 이를 해결하기 위해 생각하고 행동하도록 지원해야 합니다.

다른 교수학습 방법 중에는 지식 중심의 수업, 정의적 영역을 중시한 학습 방법, 기능적 영역을 위한 학습 방법들이 있습니다. 하지만 프로젝트 학습은 프로젝트를 진행하는 과정 속에서, 아이들은 단순히 지식만을 습득하거나 기능을 얻게 되는 것이 아니라 지식을 습득하고 기능을 익히며 행동하고자 하는 의지를 갖고 행동할 줄 아는 능력을 골고루 갖게 됩니다. 우리는 이러한 것을 동시적 학습이라고 이야기할 수 있습니다.

프로젝트 학습의 예

프로젝트 학습은 개별적으로 진행할 수도 있고, 집단이 함께 운영할 수도 있습니다. 개인 혹은 집단의 프로젝트 학습은 학습 목적에 따라 네 가지의 유형으로 나눌 수 있습니다. 첫 번째 유형은 아이디어나 계획을 외적으로 드러내는 것이 목적인 프로젝트입니다. 예를 들면 배 만들기, 연극하기, 편지쓰기 등이 있습니다. 두 번째 유형은 심미적 경험을 즐기는 것이 목적인 프로젝트입니다. 이야기 듣기, 그림 감상하기. 교향곡 감상하기 등이 그 예가 될 수 있습니다. 어떤 지적 궁금증을 풀거나 문제를 해결하는 것이 목적인 것은 세 번째 유형의 프로젝트라 하겠습니다. 예를 들면 이슬은 내리는 것인지 생기는 것인지를 발견하기, 뉴욕이 필라델피아보다 더 커진 이유 찾기 등이 있습니다. 마지막 프로젝트 학습의 유형은 외국어의 작문학습이나 불어를 학습하는 것처럼 일정 수준의 기능이나 지식의 획득이 목적인 것입니다.

프로젝트 학습의 단계

프로젝트 학습의 단계에 대해 좀 더 구체적으로 알아보도록 하겠습니다. 프로젝트 학습의 첫 단계인 활동의 목표 설정은 원칙적으로 학생이 자신의 흥미를 통해 이루어져야 합니다. 자신의 흥미에 기초하여 목표를 설정하게 되면 스스로 동기를 부여하게 되고, 이는 내적 자원을 활용하여 목표를 도달하기 위해 학습자들이 애쓰도록 만듭니다. 또한, 프로젝트 학습에서 성공감을 맛보게 된다면 다음 단계 혹은 보다 고차원적인 프로젝트 활동의 원동력이 될 수 있습니다.

프로젝트 학습의 단계

목표설정		계획수립		계획실행		결과평가
흥미를 통해 주제 선정하기	⇨	-실행 가능한 계획 세우기 -언제든 계획 변경 가능	⇨	자율성을 부여해 능동적으로 참여시키기	⇨	-목표달성 여부 평가 -되돌아보기

프로젝트 학습의 두 번째 단계인 계획 수립의 단계에서는 실행 가능한 계획을 세우는 것이 무엇보다 중요할 것입니다. 프로젝트 과정에서 활용하게 되는 도구, 연구의 가능성, 전문가의 협조 혹은 조언 등을 고려하여 프로젝트 해결을 위해 준비를 해야 합니다. 물론 다음 실행 단계를 거치면서 이전에 수립한 계획은 바뀔 수 있다는 것을 명심해야 합니다.

세 번째 단계는 계획 실행의 단계입니다. 이 단계는 목표에 따라 그 구성이 달라질 수 있습니다. 프로젝트 학습이 집단일 경우, 아이들은 몇 개의 소집단을 통해 임무와 역할을 분담하여 프로젝트의 목표를 달성할 수 있습니다. 혹은 개인적인 프로젝트 학습이라면, 모든 역할을 스스로 해내야 합니다. 이 단계도 역시 다른 단계들과 마찬가지로 학생들이 능동적으로 참여하는 것이 중요합니다. 그러기 위해서는 자율성을 부여하고 이에 따라 스스로 책임지는 자세를 갖도록 해야 합니다. 활동의 유형에는 만들기, 관찰하기, 탐색하기, 놀이하기, 실험하기, 표현하기 등이 있습니다.

마지막 단계인 프로젝트 결과 평가 단계에서는 자유롭게 프로젝트 결과 및 진행 과정에 대해 스스로 돌이켜보는 활동으로 이루어집니다. 프로젝트의 목표를 달성했는지 여부를 평가하기도 하고, 달성하였다면 효과적이었는지 반성해보는 것입니다. 프로젝트의 목표에 달성하지 못하였다면, 그렇게 된 이유를 발견하도록 해야 할 것입니다.

동물 기르기, 프로젝트 활동이 될 수 있을까

정말 좋은 주제인 것 같아요. 선생님 반 학생들이 동물에 대해 어떤 생각을 갖고 있느냐가 중요합니다. 동물 기르기에 흥미를 갖고 있는 학생들이라

면 프로젝트 활동 주제로 적절하다고 할 수 있습니다. 여기에 선생님도 동물에 관심을 갖고 계시다면 더욱 좋은 주제라 할 수 있죠. 또한, 동물을 키우면서 기를 수 있는 것 중 '생명존중'이라는 시민성 교육도 더해질 수 있습니다. 일반적으로 '생명존중'을 지도할 때 역할놀이 등 상황을 설정하여 감정을 이입하는 방법으로 수업을 합니다. 하지만 직접 생명체를 키워보는 것은 매우 유의미하다고 할 수 있습니다. 초등학교 실과 수업 중에 '동물 기르기' 단원이 있으니, 교육과정과도 연계할 수 있어 수업시간 확보도 용이할 것입니다.

그럼 선생님 반의 프로젝트 주제를 '동물 기르기'로 정해보도록 합시다. 이번에는 프로젝트 활동의 방법에 대해 고민을 해볼까요? 어려울 건 없습니다. 주제 정하기와 같은 방법입니다. 학생들이 선호하는 학습 방법이나 선생님께서 중요하게 여기시는 학습 방법이 무엇인지 고민해보는 것입니다. 선생님 반 학생들이 선호하는 방법은 무엇인가요?

조사·발표의 방법으로 프로젝트 활동을 진행할 수 있을까

학생들과 '동물 기르기' 프로젝트를 하면서 교과서의 지식을 학습하는 것이 아니라 학생들이 직접 조사·발표하는 활동을 진행합니다. 그리고 동물을 키우는 것에 대해 한 번의 조사·발표하는 활동을 진행하는 것이 아니라 전체 프로젝트를 작은 단계로 세분화하면 더욱 많은 조사·발표 활동을 경험할 수 있을 것입니다. 먼저, 학생들이 키우고자 하는 동물을 선택하게 하여 이 동물의 특징을 조사하고 프레젠테이션하게 하는 것이죠. 여기서 제가 말씀드리고 싶은 점은 많은 학생들이 조사·발표 활동을 인터넷에서 검색하여 그것을 그대로 읽는 것이라고 생각하는데 진정한 조사·발표는 단순한 검색을 넘어서 그 내용을 이해하고 이를 설명하는 것입니다. 단순한 검색은 학생들에게 유의미한 학습 경험이 되기 어렵고 기억의 파지도 짧습니다. 하지만 조사한 내용을 이해하고 머릿속으로 그림을 그려 이해해보는 활동은 그 자체로서도 깊은 의미를 갖고 있지만, 그렇게 알게 된 내용과 경험한 학습 방법은 오래 기억할 것입니다. 또한, 조사한 내용을 프레젠테이션할 때, 모든 것을 글로 쓴 뒤 읽는 것이 아니라 몇 가지 중심 단어, 사진 등의 정보를 통해 조사 내용을 설명할 수 있도록 해야 합니다. 이러한 활동을 하였을 때 학생들의 프레젠테이션 능력을 향상시킬 수 있을 테니까요.

학생들이 키우고자 하는 동물을 선택하면, 이제는 그 동물을 어떻게 키울 것인가를 고민하게 되겠죠? 병아리를 예로 들어봅시다. 학생들이 병아리를 기르기 위해 병아리를 사올 수도 있을 것이고 유정란을 부화기를 통해 부화시킬 수도 있을 것입니다. 저는 전자보다는 후자가 본 프로젝트 활동의 목적 중 하나인 '생명존중'에 더 적합하다고 봅니다. 그리고 유정란이 부화하여 병아리로 태어나는 모습을 학생들이 직접 관찰한다면 프로젝트에 더욱 흥미를 느낄 것입니다.

실패한 프로젝트?

프로젝트 활동이 항상 성공할 수는 없습니다. 어떻게 보면 실패하는 경우가 더욱 많을 수 있습니다. 하지만 학생들이 공통의 흥미에 의해 목표를 설정하고 목표를 달성하기 위해 계획을 수립하여 직접 참여해보는 것 자체가 큰 의미가 있다고 생각합니다. 학생들이 살아가게 될 미래에는 경험해 보지 못한 문제상황들이 발생할 것입니다. 이때의 문제를 해결할 수 있는 능력을 프로젝트 활동에 도전해보면서 기르는 것이지요.

병아리 기르기 프로젝트를 하면서 병아리가 부화하지 않는 것 외에도 예기치 않은 다양한 문제 상황이 발생할 수 있습니다. 모든 일이 계획대로 진행되지 않을 것입니다. 예를 들어, 부화시킨 병아리가 죽을 수도 있고 다칠 수도 있습니다. 반대로 병아리가 잘 커서 닭이 되어 또 다른 병아리를 낳을 수도 있지요. 그래서 새로운 환경을 만들어 줘야 할 수도 있습니다.

정리해서 말씀드리면, 프로젝트 활동에서 실패는 없다고 생각합니다. 새로운 문제 상황이 발생하는 것일 뿐이고 다시 이 문제를 해결하기 위해 노력하면 되는 것입니다. 프로젝트 활동은 시도 자체가 유의미한 것이란 점을 생각하셨으면 합니다.

교사의 역할

학생들이 프로젝트 활동을 하며 직면하는 상황들을 학생들 스스로 해결하기 위해 토의하고 조사, 계획할 수 있는 물리적, 시간적 지원을 해주는 것이 바로 교사의 역할입니다. 문제 상황을 해결할 수 있는 방향을 제시해주는 것이 아니라 환경을 구성하고 학생들이 요구하지만 스스로 할 수 없는 것들을 어른으로서 도와주는 것이지요. 프로젝트 활동에 익숙하지 않은 학생들의 흥미를 파악하고 약간의 동기를 불어주는 것도 교사의 역할이라고 볼 수 있습니다.

동물 기르기 프로젝트에서 교사는 학생들을 도와주는 역할만을 맡는다고 보시면 될 것입니다. 예를 들어 유정란을 구할 때 학생들이 슈퍼마켓에서 구하고자 한다면 함께 슈퍼마켓에 가주시는 것입니다. 혹여 양계장을 통해 구한다고 한다면 유정란을 구할 수 있는 양계장을 알아봐주는 것이 아니라 학생들이 직접 양계장에 전화하여 유정란이 있는지 알아보게 한 뒤 양계장으로 데려다 주는 역할을 하는 것입니다.

병아리를 기르기 위해 집이 필요하다면 학생들이 직접 집을 디자인하고 병아리를 위해 필요한 물품들(예- 전열등, 모래 등)을 학생들이 요구할 경우 구해주는 것입니다. 병아리를 기르기 위한 집 만들기는 상자나 종이를 활용한다면 미술시간과 연계하고, 목재나 앵글을 구해 짓는다면 실과와 연계해도 좋겠습니다.

프로젝트 활동이 잘못된 방향으로 흘러갈 때

프로젝트 활동에서 다양한 상황이 발생할 것입니다. 조금 전에 예로 들었던 병아리가 다치거나 죽는 경우가 생길 수도 있겠죠? 만약 병아리가 다친다면 일반적으로 동물병원에 데려간다고 생각할 수 있겠습니다. 하지만 동물병원에 병아리를 데려간다면 병원비가 몇 만 원 이상 나올 것입니다. 여기서 아이들은 고민에 빠지겠지요. 병아리를 위해서 큰 비용을 감수할 것인가? 병아리가 경제동물인 점을 감안할 것인가? 여기서 의사결정을 하는 것도 프로젝트 활동이라고 생각합니다. 학생들이 가치를 어디에 둘 것인지 토의활동을 하는 것이죠.

병아리를 잘 키워 닭이 되었다고 가정해봅시다. 그런데 학교에서 기르던 닭들이 새벽에 큰소리로 울어 학교 인근 아파트에서 주민들이 시끄럽다고

민원을 제기하는 상황이 발생할 수 있겠죠. 보통의 경우 어른들이 판단하여 문제를 해결할 테지만 학생들이 중심이 되는 프로젝트 활동에서는 학생들이 직접 해결방법을 결정하도록 해야 합니다.

여기서 주의할 점은 학생들이 가치 결정을 하지 못했거나 혹은 선생님이 생각한 것과 다르거나 실패가 예상되는 결론을 내렸다고 하더라도 교사가 개입해서는 안 된다는 것입니다. 잘못된 의사결정과 실패를 통해서도 학생들은 배우고 깨달을 수 있기 때문입니다.

프로젝트 활동에 대한 지속적인 흥미

장기적으로 진행되는 프로젝트 활동을 하는 데 지속적으로 학생들의 흥미를 이끌기 위해서는 이벤트성 활동이 도움이 될 수 있습니다. 예를 들어, 병아리를 키우면서 느꼈던 감정을 편지로 써보기도 하고 대중가요를 이용하여 가사를 바꾸어 '병아리 송'을 만들어 볼 수도 있습니다. 병아리와 함께 지내는 순간의 모습들을 사진을 남겨 뮤직비디오를 만들 수도 있겠지요. 미술 시간 만들기를 통해 병아리를 위한 작고 예쁜 집을 지어주는 것도 학생들의 흥미를 이끄는 방법이 될 것입니다. 이러한 이벤트성 활동은 학생들의 개별 성장에도 도움이 될 것입니다. 글을 잘 쓰는 아이들은 노랫말 바꾸기 활동에서 두각을 나타낼 것이고 스마트 기기를 다루는 것에 능숙한 아이들은 영상을 만드는 활동에서 주도적인 면을 나타낼 것입니다. 학생들의 동기를 지속적으로 유발시키기 위해 조금은 새롭고 참신한 활동을 곁들이면 좋습니다.

앞서 이야기한 노랫말 바꾸기와 영상 만들기를 합치면 '병아리 뮤직 비디오 만들기'라는 학생들이 좋아할 만한 새로운 프로젝트가 탄생할 수 있습니다. 우리가 음악 교과에서 창작활동의 일환으로 가사 바꾸기를 하고는 있지만 새롭게 만든 노래를 오래 기억하지는 않습니다. 하지만 학생들에게 의미있는 것(병아리 기르기)을 소재로 우리들만의 노래를 만든다면, 이는 학생들의 기억에 오래 남을 것입니다. 음악에 소질이 있는 학생이 있다면 가사 바꾸기가 아니라 새로운 멜로디를 만들어 자기만의 음반을 제작할 수도 있습니다.

프로젝트 활동의 평가

프로젝트 활동을 마무리하면서 하는 평가는 학생들 스스로 하는 것이 좋습니다. 목표 달성을 위해 했던 다양한 활동을 돌이켜보는 것이죠. 프로젝트가 성공적이었는지 그렇지 못했는지를 스스로 판단해보는 것입니다. 그리고 성공적이든 아니든 왜 그러한 결과가 나왔는지도 토의해보아야 합니다. 또한 이러한 활동들을 통해 아쉬웠던 점을 되짚어보는 기회를 가져야 합니다. 예를 들어 동물을 기르면서 발생했던 돌발 상황에 적절히 대처했는지 돌이켜보는 것이지요. 그리고 처음 계획했던 것과 실행을 통해 알게 된 사실이 달랐다면 그 이유를 찾아보고, 각 단계에서 의사결정이 민주적이었는가를 떠올려보는 것입니다.

　프로젝트에 대해 제대로 평가하기 위해서는 프로젝트 진행 과정에서 기록하는 습관을 갖도록 지도하는 것도 중요합니다. 언제 무슨 일이 있었는지를 기록하고 이를 친구들과 공유한다면 스스로 프로젝트를 평가하는 데 좋은 자료가 될 것입니다. 프로젝트 기록의 방법은 일지를 글로 쓰는 것만 해당되는 것은 아닙니다. 병아리들과 보냈던 시간들을 사진으로 남기거나 병아리를 위해 학생들이 노력했던 장면들을 영상으로 남기면 보다 의미 있는 기록이 될 것입니다.

만남 이후

우리 반 학생들은 아파트에 살고 있고, 여러 이유들로 인해 강아지조차 키워보지 못한 아이들이 대부분이다. 하지만 대부분 동물을 좋아한다. 어린 시절 동물과 함께 지내는 것이 정서 발달에 긍정적인 영향을 준다는 것은 일반 사람들도 아는 상식이다. 좋아하면서도 동물과 가까이 지내지 못하는 아이들에게 실과 교과서에 나오는 동물 기르기 단원은 좋은 기회가 될 수 있다. 나는 동물 기르기 수업을 킬패트릭이 이야기한 프로젝트 학습으로 기획하였다.

동물 기르기 프로젝트 활동을 하면서 예상치 못한 에피소드도 많았다. 알에서 부화한 병아리들이 온도를 조절하지 못해 한 달 만에 죽은 일, 실내에서 기르던 병아리들 때문에 학교에 냄새가 난다며 주위의 눈총을 받은 일들. 프로젝트를 진행하며 힘들어서 포기하고 싶을 때도 있었다. 하지만 아이들의 적극적인 관심을 무시할 수 없었다. 아이들은 죽은 병아리를 위해 무덤을 만들어주고, 노래를 만들어 생명존중 캠페인을 열기도 했다. 또 유기견보호센터에 가고 싶다는 아이들을 인솔하여 현장체험학습을 다녀오기도 했다. 이 모든 활동에 아이들은 주인공이었다. 시종일관 즐겁게 동물 기르기 활동에 참여한 아이들의 모습에서 보람을 느꼈다.

　프로젝트를 진행하는 것은 학생이지만, 그것을 지원하는 교사의 역할은 매우 막중하다. 교실에서 학생들에게 설명식으로 수업을 할 때보나 훨씬 많은 에너지가 든다. 예기치 못한 상황에서의 지원과 학생들이 어려운 상황에 빠졌을 때 그들 스스로 헤쳐 나갈 수 있도록 조력하는 것은 여간 쉬운 일이 아니다. 그래서 학년 말이면 '내년에는 프로젝트 활동을 최대한 줄여야지'라고 다짐하곤 하는데 그 다짐은 늘 수포로 돌아간다. '선생님과 학교에서 병아리를 키우고 보냈던 시간들을 잊지 못합니다', '예전에는 알지 못했는데 선생님이 정말 대단하다고 느껴요.' 첫 프로젝트 학습을 했던 아이들이 몇 년이 지나 보내준 편지를 보며 내 관심은 또다시 프로젝트 학습으로 향한다.

KDB모형으로 단원(Unit) 만들기

드레이크와 만나다

수잔 드레이크((Susan M. Drake, 1944~)

드레이크는 캐나다 온타리오 주의 초등 교사들과 통합 단원을 설계하는 연구를 하였다. 연구를 통해 캐나다 초등학교 교사들이 단원을 설계하는 과정에서 특정한 접근 방식을 찾을 수 있었고, 이를 기초로 하여 통합 단원 설계 모형으로 이름 붙여진 KDB모형을 개발하였다. 국내에서는 KDB모형을 기초로 한 주제 중심 통합 설계 사례를 중심으로 연구가 진행되었다. 오늘날, 드레이크의 연구는 국가 교육과정을 중심으로 한 교육활동이 펼쳐지는 대한민국 교육 환경에서 교사들이 학생들의 삶을 중심으로 학교, 학급, 학생 등의 따라 유연하게 교사 수준에서 교육과정(단원)을 개발할 수 있는 방법을 제시해준다.

"변화하는 미래와 현재의 문제를 대처하기 위한
교육의 시작은 통합 교육과정이다."

- S. M. Drake -

마음 열기

학교 다니기가 점점 힘들어진다. 더 구체적으로 말하자면, 점점 지쳐가고 있다는 말로 지금 내 마음을 가장 가깝게 표현할 수 있다. 무엇이 나의 교직 생활을 점점 지쳐가게 하고 있는 것일까? 이런 나의 모습을 곰곰이 생각해보면 학교와 관련된 모든 것들이 나의 열정과 만족감, 행복, 의지, 생동감 등을 빼앗아가고 있다. 시간이 지날수록 교사로서 살아있다는 느낌보다는 점점 죽어가는 느낌, 단순히 월급쟁이로서의 가치만 느끼는 그런 모습으로 변화되고 있다. 이렇게 변화되는 내 모습이 낯설면서 때로는 편안하기도 하다.

세상은 교사에게 너무나 많은 것을 요구한다. 또한, '역사교과서를 국정 혹은 검정으로 발행할 것이냐' 논제를 통해 교사는 단순히 교과서 전달자에 불과한, 믿을 수 없는 존재로 보인다. 역사교과서가 국정이 됐든 검정이 됐든 교사는 교사의 교육적 신념을 통해 학생들을 교육하지만 사회는 교사의 교육을 믿어주지 않는다.

때로는 우리가 살아가는 세상에서 부족하거나 힘든 것들을 극복하기 위한 교육적 요구보다는 미리 준비하지 못한 교사의 책임에 원인을 돌리는 모습도 보인다. 사고가 발생하면 사고가 발생하도록 교육하지 못한 교사의 탓으로 만들어버린다. 세상은 교사를 주어진 것만 교육하는 수동적인 존재로 만들고 있다. 인성, 다문화, 안전, 소프트웨어(SW), 독서, 기초학력 등 수 많은 교육 집단들이 자꾸 교사들을 괴롭힌다. 교사는 세상이 요구하는 교육을 이미 하고 있지만, 하고 있고 할 것이라고 보여주어야만 하는 상황까지 왔는데, 가장 슬픈 사실은 그 속에서 정작 아이들을 잃어버리고 있다는 것이다.

제각각인 활동들 속 연결 끈이 필요하다. 교사들은 학생들을 위해 체험학습, 체육대회, 학예회 등 교육적인 활동들을 준비하고 실행한다. 활동을 위한 활동은 교사들이 힘은 썼지만 학생들이 배움을 찾기 어려울 수 있다. 단순히 짜맞추기식 교육과정과의 연계 활동이 아닌 활동이 주제가 되는, 활동이 배움이 되는 교육과정과의 연결이 필요하다.

학생들의 변화는 생각보다 매우 빠르다. 아동들이 갖고 있는 문화가 점점 다양화되며 그 변화 속도는 굉장히 빠르다. 자칫 이 흐름을 놓치게 되면 학생들과 심리적 거리는 멀어지게 되고, 이는 곧 사제지간 갈등을 불러일으킨다. 교사는 학생을 이해하지 못하고, 이해를 못 받는 학생은 교사를 존중하지 않는다.

학생들이 매일 공부하는 교과서는 더더욱 이 변화를 따라가지 못한다. 학생 개개인의 생각과 가치가 존중되는 현실에서 학생의 입맛보다 교과서 개발자들의 입맛을 맞추고 교사는 교과서로 인해 학생보다는 개발자의 손을 들어주곤 한다. 수업에서조차 학생들은 밀려나고 있다. 수업에서 주인인 학생이 밀려나는 상황에서 학생들은 수업 시간에 집중하지 않거나 학습을 포기하는 등 다양한 모습으로 나타난다. 교사는 점점 수업과 학교 바깥으로 벗어나는 학생들을 보며 억지로 붙잡고 있지만 좀처럼 다시 데려오기가 쉽지 않다. 오히려 갈등만 부추기고 스트레스만 쌓여 결국 학생들을 포기하게 된다.

교사는 이 문제를 어떻게 해결해갈 수 있을까? 교사는 이 상황에서 다음과 같은 질문과 직면하게 된다.

'세상이 바뀌는 것을 기다려야 하는가, 교사가 세상을 바꿔나가야 하는가.'

교사는 이 모든 문제를 교육으로 풀어가야 한다. 교사에게 교육은 곧 교육과정이다. 교육과정으로 교사가 갖고 있는 고민들을 풀어가야만 한다. 교사에게 필요한 교육과정, 교사에게 맞는 교육과정, 세상의 요구가 담긴 교육과정, 행사나 체험이 연결되어 있는 교육과정, 학생이 행복해하고 즐거워하는 교육과정 등 그 시대와 환경에 적합한 교육과정을 만들 수 있어야 한다. 교사에게 교육과정은 교과서 자체보다 교사와 학생의 삶으로 다가올 수 있도록 해야 한다.

'교사의 교육과정을 어떻게 만들 수 있을까? 어떤 방법으로 개발하여 실행할 수 있을까?'

드레이크가 말하다

KDB 모형이란

캐나다 온타리오 주의 초등학교 교사들의 단원을 설계하는 과정을 연구
하였습니다. 이 연구를 통해 초등학교 교사들의 단원을 설계하는 과정 속
에서 특정한 접근 방식을 찾아낼 수 있었습니다. 캐나다 온타리오 주의 초
등학교 교사들은 단원을 설계할 때 교육과정을 학생들이 알아야 할 것(to
KNOW), 할 수 있어야 할 것(to DO), 어떤 모습이 되어야 하는 상태(to BE)
를 구분하여 수업을 설계하는 접근 방식이 있었고 이를 정리하여 KDB모

형화 하였습니다.

KDB모형에서의 알아야 할 것(to KNOW)은 특정 교과의 내용으로 주로 지식, 개념, 사실 등을 의미합니다. 할 수 있어야 하는 것(to DO)은 기능, 절차, 방법 등을 의미하며, 되어야 하는 것(to BE)은 교육 활동 이후 학생의 궁극적인 모습이나 상태, 태도 등을 뜻합니다.

KDB모형에서 단원 설계 과정을 일곱 단계를 제시하였습니다.

1단계: 스캔/클러스터 하기

2단계: 단원의 학습 주제 정하기

3단계: 클러스터를 통해 잠정적인 웹 작성하기

4단계: 하나의 웹에서 K,D,B 분석하기

5단계: 단원 설계하기

6단계: 각 단계에서의 주요 질문 작성하기

7단계: 수업하기, 평가하기

1단계에서는 국가교육과정을 살펴보는 단계로 특정 학년의 종적, 횡적 위계를 파악하여 교육과정에 대한 전반적인 이해와 조망도를 갖게 합니다. 2단계는 교육과정의 조망도를 통해 단원의 학습 주제를 될 만한 것들을 찾는 단계입니다. 이 주제는 사회와 학생 등의 요구를 담을 수 있고 학교 행사가 될 수도 있습니다. 3단계에서는 교사가 설정한 주제를 중심으로 교과 내용을 연결하는 웹을 작성합니다. 4단계에서는 작성된 웹에서 알아야 하는 것, 할 수 있어야 할 것, 어떤 모습이 되어야 하는 상태를 분석

합니다. 5단계에서는 앞 단계들을 종합하여 단원을 설계하고 6단계에서는 각 단원을 실행하는 데 적절한 주요 질문을 만듭니다. 마지막 7단계에서는 수업안과 평가안을 작성합니다.

이 단계들을 교육현장에 맞게 탄력적으로 활용한다면 교사가 추구하는 교육과정을 만들어갈 수 있습니다. 만약 초등학교 1학년 교사가 단원을 설계한다면 제시된 단계를 상황에 따라 융통성 있게 다음과 같은 단계로 실행할 수 있습니다.

KDB모형을 기초로 초등학교 1학년 교사의 단원(Unit) 만들기

초등학교 1학년 교과는 국어, 수학, 통합교과로 되어 있으며 그 중 통합교과는 주제별 교과서로 되어 있어 실제 단원 설계 과정을 지도서로 파악할 수 있으며 해당 주제로 단원을 설계할 수 있습니다 초등학교 1학년 교사가 국가 교육과정 성취기준을 중심으로 단원을 설계한다는 환경을 기초로 다음과 같이 단계를 제시하였습니다.

1단계 - 교육과정 스캔하기(KDB 분석하기)

2단계 - 교육과정 클러스터와 조망도 만들기

3단계 - 단원 설계하기(주제 선정, 주제 망 그리기, 교수 학습 계획, 시량 배분)

1단계 - 교육과정 스캔하기(KDB 분석하기)

1단계 교육과정을 분석하는 단계입니다. 초등교육과정을 살펴보며 각 과목별 성취기준을 중심으로 교육과정의 전반적인 모습을 살펴봅니다. 각 성취기준별 K,D,B의 요소를 분석하여 정리합니다. 교과뿐만 아니라 창의적 체험활동, 안전 등도 필요에 따라 적절히 활용할 수 있습니다.

영역	일반화된 지식	성취기준	내용 요소			기능
			바른 생활	슬기로운 생활	즐거운 생활	
봄	사람들은 봄의 자연 환경에 어울리는 생활을 한다.	[2바02-01]봄철 날씨 변화를 알고 건강 수칙을 스스로 지키는 습관을 기른다. [2슬02-01]봄 날씨의 특징과 주변의 생활 모습을 관련 짓는다. [2슬02-02]봄철 사용하는 생활 도구를 종류와 쓰임에 따라 구분한다. [2즐02-01]봄의 모습과 느낌을 창의적으로 표현한다. [2즐02-02]봄을 맞이하여 집을 아름답게 꾸민다.	-건강수칙과 위생	-봄 날씨와 생활 이해 -봄철 생활도구	-봄 느낌 표현 -집 꾸미기	[바른 생활] 되돌아보기 스스로 하기 내면화하기 관계 맺기 습관화하기 [슬기로운 생활] 관찰하기 무리 짓기 조사하기 예상하기 관계망 그리기 [즐거운 생활] 놀이하기 표현하기 감상하기
	봄에 볼 수 있는 동식물은 다양하며 봄에 할 수 있는 활동과 놀이가 있다.	[2바02-02]봄에 볼 수 있는 동식물을 소중히 여기고 보살핀다. [2슬02-03]봄이 되어 볼 수 있는 다양한 동식물을 찾아본다. [2슬02-04]봄에 씨앗이나 모종을 심어 기르면서 식물이 자라는 모습을 관찰한다. [2즐02-03]봄에 볼 수 있는 동식물을 다양하게 표현한다. [2즐02-04]여러 가지 놀이나 게임을 하면서 봄나들이를 즐긴다.	-생명존중	-봄 동산 -식물의 자람	-동식물 표현 -봄나들이	

영역	성취기준	K (알아야 할 것)	D (할 수 있어야 할 것)	B (되어야 하는 상태)
봄	[2바02-01]봄철 날씨 변화를 알고 건강 수칙을 스스로 지키는 습관을 기른다.	-봄철 날씨 변화 -건강 수칙	-기본 생활 습관	-자기관리를 하는 사람
	[2슬02-01]봄 날씨의 특징과 주변의 생활 모습을 관련 짓는다.	-봄 날씨의 특징	-관찰하기 -무리 짓기	-주변을 이해하는 사람
	[2즐02-01]봄의 모습과 느낌을 창의적으로 표현한다.	-봄의 모습	-표현하기	-나의 생각과 느낌을 표현하는 사람

2단계 - 교육과정 클러스터와 조망도 만들기

2단계에서는 1단계에서 스캔한 내용들을 1~2학년 군으로 횡적, 종적으로 연결해보며 교육과정을 조망해보도록 합니다. 1학년 교육과정은 1~2학년 군으로 되어 있어 교육과정을 환경에 맞게 적절히 적용하기 위해서는 교사의 교육과정 조망 경험이 필요로 합니다.

영역	성취기준	1학년	2학년
수와 연산	[2수01-01] 0과 100까지의 수 개념을 이해하고, 수를 세고 읽고 쓸 수 있다.	-100까지의 수	
	[2수01-02] 일, 십, 백, 천의 자릿값과 위치적 기수법을 이해하고, 네 자리 이하의 수를 읽고 쓸 수 있다.	-십까지의 자릿값	-천까지의 자릿값
	[2수01-03] 네 자리 이하의 수의 범위에서 수의 계열을 이해하고, 수의 크기를 비교할 수 있다.	-100까지의 수 비교	-1000 이하의 수 비교

이후에는 1학년 교육과정을 전체적으로 파악하기 위한 조망도를 만듭니다. 한눈에 볼 수 있도록 한 표, 한 장으로 만들도록 하며 학기 구분을 할 수도 있고 1년을 통째로 활용할 수도 있습니다. 조망도는 1단계, 2단계에서 작성한 KDB 분석표와 교육과정 클러스터를 기초로 작성하도록 합니다. 또한 조망도를 학교와 학급에 맞게 수정하여 작성할 수 있습니다.

1학년 교육과정 조망도 부분 예시

국어	수학	바른생활	슬기로운 생활	즐거운 생활	창체 (안전)	학교 행사	학급 활동
집중하며 듣기	100까지의 수	동식물 생명 존중	봄에 볼 수 있는 동식물	동식물 표현하기	야외활동 안전	모종 심기	생태체험 학습
소리 내어 읽기	십까지의 자릿값	봄 날씨	식물이 자라나는 모습 관찰	여러 가지 놀이 (봄나들이)	시설물 안전	꿈끼 발표회	생일 파티
글자에 흥미 갖기	100까지의 수 비교	학교생활에 필요한 규칙과 약속	학교생활 모습	친구와 친해지는 놀이	공중위생	학부모 재능기부	텃밭 가꾸기

3단계 - 단원 설계하기(주제 선정, 주제 망 그리기, 교수 학습 계획, 시량 배분)

3단계에서 교사는 2단계에서 작성한 조망도를 통해 주제를 선정합니다. 주제는 교사가 해보고자 하는 것, 학생의 요구, 학교 행사, 이슈 등 모든 것들이 될 수 있으며 주제를 정한 뒤에 조망도를 연결시킬 수 있고 이를 기초로 주제를 생각해 낼 수 있습니다.

국어	수학	바른생활	슬기로운 생활	즐거운 생활	창체 (안전)	학교 행사	학급 활동
글자에 흥미갖기 (4-4)	100까지의 수(1-1)	동식물 생명 존중(바2-2)	봄에 볼 수 있는 동식물 (슬2-3,4))	동식물 표현하기 (즐2-4)	야외활동 안전(1-7)	모종심기 학부모 재능기부	생태체험 학습 텃밭가꾸기

주제 : 나의 소중한 식물 친구

주제가 선정이 된 뒤에는 주제와 관련된 성취기준을 선정하고 1단계에서 작성한 KDB분석표를 통해 주제 망을 작성합니다. 주제 망 형식은 교사의 설계 과정에 따라 자유롭게 변경하여 활용할 수 있습니다.

주제망 부분 예시(*괄호 안은 시량)

식물 관련 동화책 보기	내 식물 이름에서 자음 모음 찾기	자음 모음으로 식물 꾸미기	모종 고르기	모종 심기	학부모 재능기부 (장수품뎅이)	생태 학습지 작성하기	내 식물 모종 모습의 특징 찾아보기	모종 심는 방법 알아보기
	국어 (6)			학교 행사 (5)			슬기로운 생활 (5)	
	내 모종을 돌보는 방법 알아보기	내 식물 친구에게 이름 지어주기				봄철 야외 활동 사고 사례 알아보기		
	바른 생활 (4)	내 식물 소개 카드 만들기				야외 활동 주의 사항 알아보기	안전 (2)	
내 식물 친구의 친구들 찾아보기	내가 심은 식물 그림 그리기	나의 모종의 모습을 몸으로 표현하기		생태 체험학습	텃밭 가꾸기 (물주기 등)	1부터 9까지 쓰기	1부터 9까지 세어보기	내 식물의 잎 개수 세어보고 써 보기
	즐거운 생활 (6)	자연물을 활용한 놀이 만들기		학급 활동 (6)		문제풀기	수학 (6)	

나의 소중한 식물 친구

(40시간)

나의 소중한 식물 친구 KDB표		
K (알아야 할 것)	D (할 수 있어야 할 것)	B (되어야 하는 상태)
-자음, 모음의 생김새 -9까지의 수 개념 -봄에 볼 수 있는 동식물 -여러 가지 놀이(봄나들이) -봄 날씨의 특징 -봄의 모습 -식물이 자라나는 모습 -생명 존중하는 법 -야외활동 시 주의사항	-자음, 모음에 관심 갖기 -자음, 모음 찾아보기 -9까지의 수 읽고 쓰기 -기본 생활 습관 -관찰하기 -무리 짓기 -표현하기 -생명 존중하기 -실천하기	-글자에 흥미를 갖는 사람 -생활 속에서 수를 활용하는 사람 -자기관리를 하는 사람 -주변을 이이해하는 사람 -나의 생각과 느낌을 표현하는 사람 -생명을 존중하는 사람 -규칙과 약속을 실천하는 사람

　해당 주제 단원의 시량 배분과 교수 학습 계획이 제시된 단원 교육과정 설계안을 작성합니다. 교수 학습 계획은 학생에 맞는 수준과 활동 등을 교사가 직접 다양하게 세울 수 있습니다. 이렇게 시량 배분과 교수 학습 계획 작성이 끝나게 되면 세상 어디에도 없는 그 교사만의 특정 학생들을 위한 단원(Unit)을 만들 수 있게 됩니다.

　교사는 교육으로 교사의 외부적, 내부적 문제를 해결해야 합니다. 앞서 에피소드에서 제시된 것처럼 교사가 지치고 힘든 이유는 전문성을 존중해주지 않는 사회적 인식, 무분별한 활동으로 인한 교육의 의미 상실, 학생과의 갈등 등으로 보입니다. 따라서 교사는 직접 자신이 가르치고 있는 학생을 위한 교육과정을 개발하여 학생과 함께 교육의 울타리 안에 있어야 합니다. 무분별한 활동을 교육적 활동으로 바꾸고 능동적인 교사의 모습 속에서 교사에 대한 사회적 인식을 바꾸어나가야 합니다. 이처럼 교사의 교육과정 개발 경험은 교사로서의 새로운 에너지와 원동력을 갖게 도와줄 수 있습니다. 교사가 학생들과 함께 하고 싶은 혹은 해주고 싶은 모든 것들을 교육과정에 담아 실행한다면 하루하루가 뜻 깊고 배움과 성장이 있는 교사와 학생의 모습을 볼 수 있을 것입니다.

단원 교육과정 설계안 부분 예시

단원(Unit) 주제명			지도기간	3월 18일 ~ 3월 27일	주제 배당 시수			40시간
나의 소중한 식물 친구					국어	수학	통합	창체
					6	6	15	13
교육과정 성취기준	교과	사수	수업 계획		평가주제	방법	시기	비고 (범교과)
[2국04-04] 글자, 낱말, 문장을 관심 있게 살펴보고 흥미를 가진다.	국어	2	식물 관련 동화책 보기 - 동화책 읽어주기 - 동화책에서 자음 모음 찾아보기 - 동화책에 나오는 자음 모음 친구 색칠하기		글자를 보며 자음, 모음 찾아보기	관찰 평가	3월 4주	한글 학습
		2	자음, 모음 찾기 - 내가 만든 식물의 이름에서 자음, 모음 찾기 - 친구의 식물 이름에서 자음 모음 찾기 - 우리가 찾은 자음 모음 모아보기					
		2	자음 모음으로 사물 꾸미기 - 자음 모음으로 내 식물 꾸며보기 - 내 식물을 꾸며준 자음 모음 이름 알아보기 - 내가 꾸민 식물 발표하기					
[2수01-01] 0과 100까지의 수 개념을 이해하고, 수를 세고 읽고 쓸 수 있다.	수학	2	1부터 9까지 세어보기 - 우리 교실에 있는 물건 숫자 세보기 - 우리 가족 수 세보기 - 내 필통 연필 개수 세어보기 - 익힘책 풀기		1부터 9까지 읽고 쓰기	관찰 평가	3월 3주	생명 존중
		1	1부터 9까지 쓰기 - 1부터 9까지 수 따라 써보기 - 각 숫자에 따라 동그라미 개수 그려보기 - 동그라미 개수에 따라 1부터 9까지 써보기 - 익힘책 풀기					
		2	- 내 식물의 잎 개수 세어보고 쓰기 - 내 식물의 잎 개수 세어보기 - 내 식물의 잎 개수 만큼 동그라미 그려보기 - 내 식물의 잎 개수 숫자로 써보기 - 친구의 잎 개수 써보기					
		1	문제풀기 - 내가 부족한 부분 문제 풀기					

만남 이후

교사가 마주하는 교육의 문제는 교육과정으로 풀어나가야 한다. 교사교육과정은 교사만이 가질 수 있으며, 교사와 우리 세계를 소통하는 매개체이고, 학생들과의 교육활동을 실현하게 해주는 과정이기 때문이다. 지금까지 매해 동 학년 선생님들과 모여서 협의를 통해 교육과정을 만들었다. 결국 같은 학년 내의 모든 학급교육과정은 동일한 내용과 방법으로 만들어진 교육과정이 될 수밖에 없었다. 이러한 교육과정으로는 시시각각 변하는 교실 상황과 학생들의 요구에 대처하기 어렵다. 종종 나는 구체적인 교실 장면에서 학생들에게 무엇을, 어떻게 가르쳐야 하는지 몰라서 당황한 적이 있다. 이는 아마도 교실에서 전개되는 일련의 교육적 상황들을 교육과정으로 반영되지 않은 채 교육을 실행했기 때문이다.

드레이크와의 만남 이후로 나에게 적절한 통합 교육과정 설계 방법을 만들 수 있게 되었다. 나는 학생의 요구와 학교 행사, 우리 시대에 필요한 가치 등 학생의 삶 속에 있는 모든 것들을 교육으로 만든다. 우리 세계에서 단 하나뿐인, 우리 아이들에게 맞는 교육과정이 만들어지고 있다. 우리 반의 색깔이 드러난다. 교육과정을 통해 학부모와 학교, 사회는 나와 우리 아이들의 교육활동을 알고 이해한다. 그동안 분절적으로 흩어져 있던 교과 내용들이 학생의 삶에 통합적으로 다가온다. 교사로서 학생들과 함께하는 시간이 즐거워진다. 내일은, 다음에는 어떤 주제로 어떻게 교육활동을 펼칠 수 있을지 상상하는 즐거움도 느낀다. 지금도 우리 반의 교육과정은 만들어지고 있다.

교육과정을 성찰하다

다양한 접근

가드너와 만나다

하워드 가드너(Howard Gardner, 1943~)

하워드 가드너는 하버드대학교 심리학과 교수이자 보스턴대학교 약학대학 신경학과 겸임교수로, 다양한 인지 능력의 발달을 이해하고 인간 잠재력의 본성과 실현에 대한 연구를 학문적으로 종합하였다. 인간의 지능 발달과 영역에 관해서는 다중지능이론 (MI; Mutiple Intelligences theory)을 창시하여 여러 나라의 교육계에 막대한 영향을 미치고 있다. 다중지능이란 인간의 지능이 서로 독립적이며 서로 다른 유형의 능력으로 구성된다는 것으로, 하나의 일반적인 지적 능력에 의해 지배되는 것으로 보기보다는 특정한 '양식'으로 구분한다.

"아이가 관심 있어 하는 것을 북돋아주면
그것이 아이의 인생에서 가장 중요한 것이 될 것이다."

- H. Gardner -

마음 열기

교사의 삶을 살아가는 나에게 한해의 시작은 1월 1일이 아니라, 3월 1일이다. 저경력일 때 매해 3월이 되면 어떤 아이들과 새롭게 한해살이를 시작할지 첫 만남을 손꼽아 기다렸다면, 10년 차를 넘어서고는 걱정이 먼저 앞선다. 내가 의도하고 계획한 대로 일 년이 흘러가지 않을 것이라는 결과가 눈에 선하기 때문이다. 온몸 가득했던 열정이 첫 만남을 시작하고 나면 다양한 요인들에 의해 목표 지점이 흔들리고, 학교 혹은 학년의 흐름에 맞게 움직이며 전체적인 방향을 따라가는 것마저 숨가쁠 때가 있다.

두근두근 새롭게 시작한 3월 첫날이면 어김없이 가정으로 보내는 가정통신문이 있다. 바로 자녀에 대해 간략한 정보를 제공해주길 원하는 학부모 작성용 종이이다. 여기에는 자녀 이름, 가족 관계, 긴급 연락처 등은 기본이고, 취미, 좋아하는 것, 관심 있는 것 등을 기록하는 곳이 있다. 회신된 자료를 훑어보면서 학생과 관련된 간단한 배경지식을 갖고는, 학기 초 여러 가지 준비에 치여 한해살이가 끝날 무렵까지 교사용 책상 한쪽에 고이 문혀 있기 일쑤다. 첫 만남에서 주고받았던 회신서가 학년도가 끝나고 파쇄기에 들어갈 때 '아차! 이 아이는 이런 면이 있었구나'하는 것을 알아채고는 지난 일 년 동안 어떠한 역할을 했는지 스스로를 되돌아보게 된다.

정말 아이들이 좋아하는 것을 교사로서 준비하지 못했고, 아이들이 잘하는 것을 더 잘할 수 있도록 다양한 기회를 주지 못했음에 대해 '올해도 참 바빴구나'라는 변명으로 못난 모습을 감추어버린다. 성장하고 있는 지금 이 순간의 과정도 중요하지만, 출발점을 명확하게 인지하고 지속적으로 되돌아볼 수 있는 여유를 가졌다면 학생들의 자료가 파쇄기에 들어갈 때 미안함보다는 흐뭇함이 더 가득했을 것이다. 우리 반 아이들의 특성과 관심 분야에 맞게 적절한 내용과 방법을 선택하여 지도할 수 있는 교사의 안목과 지혜로운 실천이 필요한 것이었다.

교사의 전문성 중 '학년 전문성을 가진 교사'가 부각되면서, 집중적으로 특정 학년을 2~3년 연속 지도하는 경우가 있다. 해당 학년을 다년간 반복해서 지도하면 노하우가 있다고 생각되는 것일까? 아니면 시행착오를 줄이기 위한 선택일까? 한편, 새로운 학년을 정하게 되는 연말이 되면 학교는 술렁이기 시작한다. 학년 전문성과는 별개로 어떤 학년의 학생들이 더 순한지, 극성인 학부모는 덜한지, 특이한 교사가 포함되지는 않았는지, 온갖 떠다니는 정보들을 수집하지만 정작 우리 자신을 돌아보기는 쉽지 않다. 매해 만나는 특정 학년의 학생들이 왜 해마다 다른 특성으로 다가오는 것일까?

토끼보고 뱀처럼 스르륵 다니라 할 수 없고, 뱀보고 토끼처럼 깡충깡충 뛰라 할 수 없듯이 저마다의 색깔이 있고, 저마다 성장하는 법과 속도 또한 다르다. 똑같은 학년을 연속으로 지도해도 만나는 학생들의 성향에 따라 학습과제의 해결정도가 달라지는데, 우리는 이것을 인정하기 쉽지 않다. 해마다 다양한 성향의 학생들을 마주할 때, 교사인 우리는 얼마나 팔색조처럼 다양하게 접근하고 있는가? 아이와의 잘못된 만남으로 내가 힘든 것이 아니라, 달라지는 아이의 성향 앞에서도 내가 변화하지 못해 교사 스스로 쉽게 무너지지는 않는가?

가드너가 말하다

교육은 개별화 전략을 바탕으로 학생의 특성과 관심사에 따라 다른 방향으로 이루어져야 한다. 그런데 교사가 타성에 젖지 않으면서 개별 특성을 존중하는 수업을 하려면 어떻게 해야 할까? 이와 관련하여 다중지능이론의 창시자인 가드너를 만나보려 한다. 가드너의 다중지능이론은 학생들의 개별적 지능을 다양한 분야에서 교육하여 발달시킬 수 있도록 도움을 줄 수 있으며, 학생들을 좀 더 이해할 수 있는 지표로 삼을 수 있다. 통일되고 규격화된 아이디어를 섭취하는 것이 아니라, 가드너가 분류한 인간의 다양한 지능을 바탕으로 학생들의 개별적 특성을 더 잘 이해하는 방법을 알고 다양한 전략으로 학습 내용에 도전할 수 있는 내적 에너지를 키워줄 수 있도록 하자.

지능에 대한 새로운 이해

책을 좋아하는 학생이 있는가 하면, 원인에 따른 결과 추론하기를 잘하는 학생, 운동을 좋아하는 학생, 음악적 감수성이 풍부한 학생 등 학급에는 다양한 강점을 가진 학생들이 모여 있습니다. 학생들이 좋아하고 잘하는 것을 잘 키워나가는 방향으로 진로를 설계한다면 가장 이상적이라 볼 수 있습니다. 하지만 우리는 자기가 좋아하는 것만 하고 관심이 없거나 부족한 것은 절대적으로 외면할 수도 없습니다. 교육은 학생들이 잘하는 것은 북돋아주고, 부족한 것은 채워주면서 다양한 방면에 할 수 있는 힘을 키워주기 위함이므로, 인지적 측면에서 지능에 대한 개념을 새롭게 이해할 필요가 있습니다.

기존의 문화에서 학교 교육은 지식과 문화의 전수로, 동일한 목표를 제시하고 동일한 내용을 학습하도록 하였습니다. 동일한 잣대로 평가하는 것을 공정한 교육이라고 여기며, 공통의 기준 아래 얼마나 빨리 효율적으로 기본적인 지식을 습득하느냐에 의해 그 능력을 판정받았습니다. 그래서 사회는 온갖 '시험'으로 넘쳐나고, 중요한 것이라면 이러한 방법으로 측정할 필요가 있고, 측정할 수 없는 것이라면 가치가 없는 것이라는 생각까지 하였습니다.

정형화된 시험의 유래는 20세기 초 알프레드 비네(Alfred Binet)와 그의 동료들이 파리에서 실시한 지능검사입니다. 1904년 파리의 교육부장관이 비네와 그 동료들에게 초등학생 중 중학교 공부에서 실패할 위험이 있는 학생을 찾아내고 또 그들에게 교정교육을 실시할 수 있는 방법을 개발해 달라고 요청해 최초의 지능검사가 나오게 되었습니다. 객관적으로 측정되어 단일지수인 IQ(intelligence quotient)점수로 환산할 수 있는 '지능검사'는 학생들의 장래 학업 성패를 예측하는 것으로, 기억력, 주의집중력, 이해력, 변별력, 추리력 등과 관련된 인지과정을 측정하는 것이었습니다. 이 방법은 교육계에 상당한 호응을 얻어 단기간에 전 세계에서 가장 널리 사용되는 교육평가 방법이 되었지만, 현재는 학문의 완성도라든지 고등사고 같은 것을 측정할 수 없다는 비판을 받고 있습니다.

다중지능(Multiple Intelligences)의 탄생

저 역시 학생들 각자가 독특한 학습 특성을 가졌음에도 불구하고 똑같은 주제로 똑같은 방법으로 가르치고 똑같이 평가하는 전통적 방식의 획일화 교육을 거부합니다. 그래서 1983년 '마음의 틀(Frames of Mind)'에서 처음으로 고전적인 지능 개념들을 비판하고, 새로운 관점에서 인간의 지적 능력을 설명하는 이론으로 다중지능을 소개하였습니다.

초기에는 언어지능, 논리수학지능, 신체운동지능, 음악지능, 공간지능, 대인관계지능, 자기이해지능 등 일곱 개의 대표적인 다중지능을 설명하였지만, 자연친화지능, 실존지능 등을 새롭게 추가하였습니다. 하지만 실존지능은 경험적 증거를 더 보완해야하는 상황에 있습니다.

각각의 지능은 적절한 방법을 통해 어느 정도 수준까지 개발도 가능합니다. 따라서 현장의 선생님들은 학생들의 전인적인 성장을 위해 학습자에 맞는 적절한 환경을 조성해주어야 하며, 학생들 개개인이 가지고 있는 학습 특성에 부응하지 못하는 획일적인 방향의 수업은 학생들에게 학업성취의 기회를 제공하지 못하는 것과 다름없음을 인정하여야 합니다.

지능은 단일차원이 아니라 상호 독립적인 다중적 차원으로 구성되며, 사람마다 상황과 맥락에 따라 정보를 처리하는 과정에서 통합적으로 작용하기도 합니다. 성공적인 바이올리니스트가 되기 위해서는 음악지능을 초월하여 신체운동적 민첩성과 청중을 대하는 대인관계 기술 등 복합적인 지능

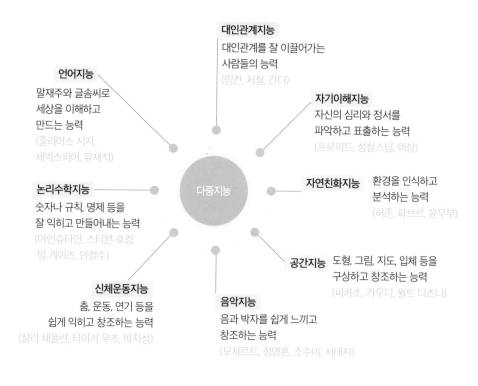

다중지능 이론에서 제시하는 8가지 지능(다중지능연구소http://multiiq.com/)

이 요구되는 것과 같습니다. 한편, 언어지능이 뛰어나다고 운동신경마저 뛰어난 것이 아니듯이 각각의 지능은 독립적으로 작용하며 서로 대등합니다.

이러한 다중지능은 자신의 잠재능력을 이해할 수 있는 틀이며, 적절한 방법을 통해 어느 정도의 수준까지는 개발이 가능합니다. 이에, 개인차를 고려한 개별화 학습으로 교과 통합적으로 접근하며, 결과 중심의 일률적인 지필식 평가보다는 다양한 영역과 방법을 고려하여 과정중심으로 평가할 것을 권장합니다.

학습자마다 학습하는 방법이 달라요

학교에 들어갈 때가 되면 대부분의 학생들은 자신의 강점지능에 적합한 학습 양식을 갖게 됩니다. 특정 지능에 뛰어난 성향을 나타내는 학생들의 학습 양식은 아래 표와 같습니다.

학생들의 학습 양식은 고착화되지 않았지만, 이러한 학생들을 만나는 교사는 쉽게 변하지 않습니다. 교사마다 발달한 각각의 지능이 다른 것처럼

다중지능별 학습 양식

지능 영역	사고양식	좋아하는 것	필요로 하는 것
언어지능 (Verbal-Linguistic)	말로써	독서, 작문, 이야기하기, 낱말게임하기 등	책, 테이프, 작문용품, 종이, 일기장, 대화, 토의, 논쟁, 이야기 등
논리수학지능 (Logical- Mathematical)	추리함으로써	실험하기, 질문하기, 논리적 퍼즐 맞추기, 계산하기 등	탐구하고 무엇에 관해 생각하기, 과학교재, 천문관 및 박물관 견학 등
신체운동지능 (Bodily- Kinesthetic)	신체적 감각을 통하여	춤추기, 달리기, 뛰기, 쌓기, 만지기, 몸짓(제스처) 등	역할극, 드라마, 활동, 쌓기 도구, 운동이나 신체적 게임 등
음악지능 (Musical)	리듬과 멜로디를 통하여	노래하기, 휘파람 불기, 듣기, 콧노래하기, 손발 톡톡 치기 등	노래모임시가(합창), 콘서트 관람, 가정과 학교에서 음악 연주하기, 악기 등
공간지능 (Visual-Spatial)	그림으로써	디자인하기, 그리기, 마음속으로 그리기, 낙서하기 등	미술, 슬라이드, 영화, 퍼즐, 미로, 그림책, 미술관 견학 등
자연친화지능 (Naturalistic)	자연과 자연 형태를 통한 사고	애완동물과 놀기, 정원 가꾸기, 자연관찰하기, 동물 기르기 등	자연을 가까이하기, 동물과 의사소통하기, 자연을 탐색하기 위한 도구 사용하기 등
자기이해지능 (Intrapersonal)	자신에 대한 깊은 이해	목표 세우기, 중재하기, 공상하기, 조용함, 계획 세우기 등	비밀장소, 혼자만의 시간, 자기 속도 프로젝트, 선택권 등
대인관계지능 (Interpersonal)	사람들과 아이디어를 나누면서	통솔하기, 조직하기, 사람 다루기, 중재하기, 파티하기 등	친구, 그룹게임, 사교 모임, 지역사회행사, 동아리활동, 지도자/ 도제제도 등

교사가 가장 강점을 나타내는 부분이 학생들이 가진 강점지능과 맞지 않은 경우도 있습니다. 그래서 선생님이 한 방향으로만 걷는 것이 아니라, 도달해야 할 수업목표 혹은 성취기준을 고려하여 학생들이 다양한 방법으로 학습할 수 있는 기회를 주는 것은 매우 중요합니다.

학급에서 일어나는 학습활동 중 많은 비중을 차지하는 것으로 '글쓰기'가 있습니다. 일기, 서·논술형 평가, 현장체험학습보고서, 독서록, 배움 공책, 알림장 쓰기, 다짐문 쓰기 등 어쩌면 우리는 언어 지능에 치우쳐 학습자들을 참여시키고 평가하고 있지는 않은가요? 심지어 학교현장체험학습으로 박물관을 견학해도, 동일한 학습지에 기록하며 관람하게 하거나 교실로 돌아와서 같은 형식의 보고서를 작성하게 합니다. 다중지능이론의 결론은 사람들은 다양한 방법으로 학습한다는 것인데, 교사는 동일한 기준과 잣대 및 방법을 학생들에게 제시하여 교육목표에 도달하고자 합니다. 따라서 학생들이 가지고 있는 강점 지능별로 학습결과를 다양하게 표현할 수 있도록 안내하는 것이 필요합니다.

다중지능을 이용한 다양한 전략

3월 한 달이 일 년을 좌우하는 것처럼, 다중지능을 교과 수업에만 적용하는 것이 아니라 학급 규칙을 정하고 전달하는 것에도 응용하여 생활지도를 할 수 있습니다.

전략	교실에서 활용할 수 있는 예
언어적 전략	규칙을 글로 써서 교실에 게시하기
논리수학적 전략	규칙에 번호를 붙인 후 규칙 대신 번호로 말하기
신체운동적 전략	상황에 맞는 각각의 규칙을 특정 몸짓으로 표현하기
음악적 전략	규칙을 노래로 표현하기
공간적 전략	규칙 옆에 적절한 행동과 부적절한 행동의 상상적 그림을 그려놓기
자연친화적 전략	1인 1화분 재배, 생태동화 등을 활용하여 규칙 발견 및 학급규칙 정하기
자기이해적 전략	학기 초에 정한 규칙을 다른 학생들에게 전달할 방법을 스스로 개발하기
대인관계적 전략	학급 내 1인 1역 혹은 학급회 등을 통하여 규칙에 따라 할 수 있는 일과 할 수 없는 일을 분류한 후, 해석하고 집행하는 책임을 맡게 하기

이처럼, 학생들이 공동체에서 규칙을 지키고 수업에 참여하며 다른 사람들과 어울리는 환경에서 학생들의 강점지능을 키워나갈 수 있도록 교사는 다양한 전략을 활용해야 합니다. 그렇다고 특정 기능이 우수하다고, 그 강점지능만 살리라는 것은 아닙니다. 교과뿐만 아니라 학급 경영활동 전반을 통하여 학생들이 부족한 지능은 채우고 익혀나가도록 하는 것이 교사의 역할입니다.

학생의 관심에 따른 다양한 활동의 계획

선생님께서 학생들을 만나기 위해 심적, 공간적, 물질적 자료 등 많은 것을 이미 준비하여 계획하고 있습니다. 선생님께서 학생들을 만나기 위해 가졌던 설렘을 1년 동안 이어가기 위해 욕심을 부리지 않아도 됩니다. 학생들을 있는 그대로 존중하고, 학생들이 가진 흥미와 학습 양식에 맞는 환경을 조성해주면 됩니다. 학생들은 자신이 가진 기능이나 지식이 주어진 주제와 밀접하게 관련된 것일 때, 학습 과제들이 학생들의 호기심이나 열정을 자극했을 때, 또 주어진 과제가 학생들이 선호하거나 잘하는 방법으로 해결하도록 권장되었을 때, 더 잘 배웁니다. 따라서 학생들의 강점과 약점을 확인하고 보완해주며, 잠재력을 극대화해 주는 방향으로 학습의 흐름을 설계하고 운영하시면 됩니다.

다중지능이론의 역할은 개인에게 특정 학문이나 직업을 강요하는 것이 아닙니다. 개개인에게 적합한 분야를 제안하고, 선택할 수 있는 여러 가지 가능성을 제시하는 것이기 때문에 효과적인 수업 및 학급 경영을 위해 학생들의 관심사, 학습 특성, 학습 필요 등의 차이를 예상하고 이에 부응하여 학습 내용, 학습 과정, 학습 결과, 학습 환경에 대한 다양한 접근을 사전에 계획하고 실천하는 개별화 수업과도 관련지을 수 있습니다.

다중지능과 관련된 교육활동의 조직화

선생님께서 1년 동안 교과 수업 외 하시는 다양한 활동, 즉 목표와 의미를 두고 지속적으로 하고자 하는 것들을 우선 목록화해 보십시오. 그 모든 활동을 선생님 반에 소속된 학생 모두가 100% 소화해내는 것은 아니겠지만, 어떤 학생들이 이 활동을 꾸준히 잘해낼 수 있을지 생각해보십시오. 가령, 독서, 1인 1역, 일기쓰기, 식물 가꾸기 등 이미 학급을 운영하면서 다양한 지능을 활용하여 적용하고 있는 부분이 분명 있을 것입니다. 이를 다중지능과 관련하여 세분화시켜본다면, 다음과 같이 나타낼 수 있습니다.

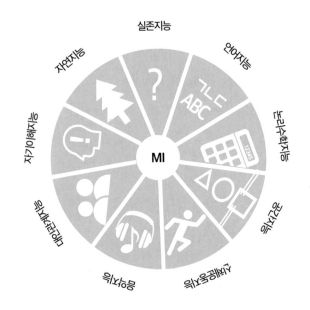

다중지능 관련 교육활동

- 언어적 지능: 독서릴레이, 아침 10분독서, 글쓰기 등

- 논리수학적 지능: SW 코딩교육, 수학보드게임, 수학부진학생지도 등

- 신체운동적 지능: 교실음악체조, 운동장 놀이, 전통놀이 등

- 음악적 지능: 노래 부르기, 악기 다루기, 학급 음악회 등

- 공간적 지능: 마인드맵 활용, 그림그리기 등

- 자연친화 지능: 자연환경보호, 식물 및 동물 키우기 등

- 자기이해지능: 일기쓰기, 자기생활점검표, 1인 1역 활동 등

- 대인관계지능: 협동학습 수업, 칭찬릴레이, 칭찬샤워, 교실 연극놀이, 팀 빌딩 놀이 등

선생님께서 교실에서 운영하고자 계획한 활동들이 특정 지능에 치우쳐져 있지는 않은지, 지능별 1가지 이상 골고루 구성되어 다양한 전략으로 한해살이를 할 수 있는지 살펴보십시오. 특히, 특정 지능이 부족한 학생들에게는 어떻게 접근해야 할지 충분히 고민하신 후 적용한다면, 1년이 채 끝나기도 전에 선생님이 먼저 지치거나 흐지부지 되는 일은 줄어들 것입니다. 즉, 목적과 방향을 정해서 설계한 후 역상해서 발생할 문제점과 대처방안, 교사로서의 행동수정 방향 등을 함께 고민하고서 적용한다면 계획된 활동에 대한 만족도가 높아질 것입니다.

개인차에 대한 민감성은 교사가 갖추어야 할 역량

모든 사람들이 가진 여덟 가지 지능은 각 사람들마다 독특한 방식으로 상호작용합니다. 독일의 시인이며, 정치가, 과학자, 철학자인 괴테처럼 여덟 가지 지능이 거의 모두 높은 수준으로 나타나는 사람이 있는가 하면, 발달장애를 겪는 경우 여덟 가지 지능이 모두 초보 수준으로 낮기도 합니다. 선천적인 결함으로 도저히 극복할 수 없는 경우를 제외하고는, 적절한 자극이나 교육만 제공된다면 어느 누구라도 다중지능을 골고루 어느 수준까지는 개발시킬 수 있습니다. 그렇다고 특정 지능 영역에서 지적인 사람이라고 인정받기 위해 반드시 있어야 하는 표준적인 속성들은 없습니다. 예를 들어 어떤 사람은 글을 술술 잘 읽지 못해도 이야기를 아주 재미있게 잘 하는 경우도 있으며, 음악적 지능이 뛰어나 악기를 수준급으로 다룰 수 있지만 노래는 잘 못하기도 합니다. 여기서 선생님은 학생들이 잘하는 것을 꾸준히 잘 이어가도록 격려를 해주십시오. 격려와 같은 뜻을 가진 고무

(鼓舞)는 '북 고(鼓)'에 '춤 출 무(舞)', 바로 '북을 쳐 춤을 추게 한다'는 뜻입니다. 그냥 "춤춰라"하고 명령하고 이끌어가는 것이 아니라 내가 북을 쳐주어 상대를 춤추게 하는 것입니다.

어떤 지능이라도 실생활과 떨어져 각 지능이 독자적으로 존재하는 경우는 없으며, 서로 상호작용합니다. 학생들끼리 발야구를 할 경우 뛰거나 공을 차거나 잡는 등의 신체운동적 지능이 필요하고, 경기 도중 논쟁이 붙었을 때 자신의 주장을 근거를 들어 표현할 수 있는 언어적 지능과 자기이해 지능도 있어야 하며, 경기 장소에 자신의 위치를 잡고 날아가는 공의 위치를 파악하는 공간적 지능도 필요합니다. 따라서 선생님께서 각각의 지능에 대한 이해를 하고, 각 지능들을 구체적인 사회 문화적인 맥락 속에서 활용해야 한다는 것을 잊어서는 안 됩니다.

미하이 칙센트미하이(Mihaly Csikszentmihalyi)에 따르면, 특정 영역의 활동에 대한 평가나 판단은 그 분야에 정통한 전문가에 의해 이루어집니다. 현장의 선생님들이 다중지능을 고르게 함양하고 있는 것이 아니기에, 특정 과제가 만족스럽게 해결되었는지, 지적이고 모범적으로 해결되었는지 등을 평가하여 학생을 단정 짓는 것은 매우 위험합니다. 오히려, 학생의 강점을 활용하여 약점 영역을 효율적으로 지도할 수 있도록 방안을 모색하고, 학생 개인차에 대한 민감성을 갖추어가길 바랍니다. 훌륭한 교사는 어느 학년을 가르치든, 학생들 간 차이를 감지하고 각자 특성과 환경을 고려하여 효과적인 지도 방법을 찾는 사람입니다.

다중지능 측정도구에 의존하지 마세요

다중지능을 검사하고 향상시키기 위해 측정도구를 사용할 수 있습니다. 온라인이나 책을 통해 찾은 검사지나 정보를 활용할 수도 있습니다. 저의 이론을 토대로 한 다중지능검사 도구는 개인의 지능발달과 진로방향, 진로에 따른 학습방향, 직업선택, 진로 방향 등 개인과 집단이 어떻게 활용할 수 있는가에 대한 좋은 대안들을 제시해 주고 있습니다. 하지만 저는 다중지능이론을 정립하여 제시하였을 뿐, 측정하는 심리검사 도구를 공식적으로 개발하여 발표한 것은 아닙니다. 다중지능에 대한 관심과 특정 영역을 중요시하는 추세에 따라 심리연구소 기관에서 개발하여 보급하고 있을 뿐이지요.

제가 각각의 지능에 대한 측정도구를 개발하지 않은 것은 이것이 자칫 사람을 분류하고 새로운 '패배자'를 만들어낼 수 있기 때문입니다. 예전에 논리수학적 측면만 강조했던 지능의 경우 지필형 시험을 통해서 측정이 가능했지만, 제가 제시한 지능의 경우는 종류가 많기 때문에 일회적인 테스트를 통해 측정하려는 시도보다 관찰을 중심으로 접근하기를 바랍니다. 정확한 기준이 있으면 데이터를 수집하거나 분석하는 것도 용이하기 때문에, 갈수록 부각되는 과정중심평가를 통해서도 학생들의 강점지능을 찾아낼 수 있을 것입니다.

설령 현재 적용해 볼 수 있는 다중지능 검사도구를 활용한다 해도, 그것이 표준화되어 학생의 지능이나 특성을 단정 짓지 않아야 하며, 어떤 상황에서 어떤 지능이 더 활약을 할지 모르기 때문에 학생 스스로가 가장 잘할 수 있는 일, 즐겁게 할 수 있는 일, 가장 잘 맞는 일을 할 수 있는 다양한 기회를 주시고, 잘 해낼 수 있도록 격려해주시면 됩니다.

다중지능 이론을 적용한 프로젝트 학습

학생들이 가진 강점지능을 살리고, 부족한 부분은 친구들과의 협력을 통해서 향상시킬 수 있는 방안은 다양합니다. 다만, 선생님께서 체험학습이나 행동 위주의 실천학습을 선호한다고해도 학스자가 하고 싶어 하는 방향대로 활동할 수 있는 기회를 주는 것이 중요합니다. 아래는 도덕 교과와 창의적 체험활동을 1차시씩 배정하여 특정 인성 요소를 지도한다고 할 때 구상해 본 것입니다. 학기 초에 학생들이 가진 강점지능을 중심으로 학급 내 동아리를 구성했다고 가정하고, 오른쪽 표와 같은 상황을 떠올려 보십시오.

이때, 동아리별 탐구주제 탐색 및 해결 단계에서 강점지능별로 구성된 동아리 구성원에게 다음과 같은 미션을 주고 탐구 주제와 활동 방법을 정하게 할 수 있습니다.

동아리 그룹별 (강점지능)	교실에서 활용할 수 있는 미션 내용
언어지능	장발장의 판결에 대해 토론하기
논리수학지능	형벌 계산해보기, 정직하게 일하는 사람들의 세계 월급 정해보기
신체운동지능	상황 패러디해서 역할극하기
음악지능	레미제라블 이야기를 노랫말로 바꾸기
공간지능	정직하지 못했을 때 내가 주고 싶은 벌은? 도덕적 행동을 이끄는 양심의 모습 그리기
자연친화지능	19년이란 시간동안 감옥 내외 자연환경 변화는?
자기이해지능	내가 장발장이라면 어떻게 했을까?
대인관계지능	장발장 외 주변 인물들은 어떻게 하면 좋았을지 토의해보기

강점지능별 동아리활동의 개요(예시 주제: 정직)

학습과정	활동 내용
사전과제	▷정직의 의미 살펴보기 ▷MI지능 중 자신의 강점지능과 약점지능을 확인한 후, 자신의 강점지능을 보다 더 강화시킬 수 있는 학습방법 구상하기 ▷정직과 관련된 다양한 명언 찾아보기

	학습과정	활동 내용
1 차 시	문제발견	▷정직의 진정한 의미 살펴보기, 정직과 관련된 인성자료 소개 ▷학습문제 및 학습 순서 파악하기
	⇩	
	동아리별 탐구주제 탐색	▷강점지능별로 구성된 집단끼리 정직과 관련된 미션(탐구주제) 알아보기 ▷탐구주제 해결 방법을 모색하고 동아리별 실행 계획 수립하기
	⇩	
	동아리별 과제 해결	▷동아리별 탐구주제 해결하기 ▷탐구주제 해결시 어려운 점은 구성원끼리 서로 돕기
	⇩	
2 차 시	동아리별 상호 평가 및 수정·보완	▷동아리별 집단 내 구성원끼리 상호평가 및 수정·보완하기 ▷동아리별 창의적 문제해결과정 정리하기
	⇩	
	보고 및 발표, 평가	▷동아리별 실행 결과(산출물) 발표하기 ▷상호간 묻고 답하기 ▷주제학습에 대한 자기 및 상호평가하기

사후과제	▷자신이 원하는 직업에서 '정직한 생활'을 하려면 어떻게 해야 할지 상상해보기

이처럼 수업의 새로운 방향성을 다중지능을 이용해서 찾아보시길 희망합니다. 학생들이 가장 잘하고 좋아하는 것을 북돋아줄 수 있으면서, 부족한 것은 다른 사람과의 상호작용을 통해서 채워나갈 수 있으려면 학생들이 원하는 방향을 선택할 수 있도록 열어놓는 것입니다. 우리는 정보화 기기가 발달하여 사람이 하면 하루 종일 걸리는 계산을, 단 몇 초 만에 컴퓨터가 해결하는 시대에 살고 있습니다. 따라서 과제의 수행결과물에 치중하지 마시고 예측 가능한 결과물이 등장할 만한 문제를 해결하도록 하는 것은 더 이상 중요하지 않습니다. 학습자들로 하여금 다양한 방법으로 자신들이 학습한 것들을 표현하거나 증명할 수 있도록 하며, 학생들의 독특한 특성에 가치를 두시면서 모두가 존중받는 교실을 가꾸어 나가길 바랍니다.

만남 이후

학생들이 없는 학교란 있을 수 없듯이, 학생들의 특성을 고려하지 않은 교육이란 있을 수 없다. 다중지능이론은 학생들이 다양한 특성을 가졌다는 것을 뒷받침해주고 어떻게 수업활동에 적용할 수 있을지 안내해주는 큰 중심 역할을 함으로써, 수업 설계 시 모두가 하나의 방향으로 동일하게 참여하는 형태를 지양하게 되었다.

생각하는 것에서부터 시작하여 배우는 능력, 배우는 방식, 배우는 속도, 흥미와 관심사 등이 모두 다른 학생들에게 그들이 배우고 싶은 내용과 자신이 선호하는 학습 방법으로 학습하도록 기회를 제공해주는 것은 교사의 당연한 역할이자 의무이다. 따라서 학생들의 강점에 초점을 맞추어 학습목표 도달의 방향을 다양하게 제시한다면 학생들도 더 잘 배우고 성장하게 된다.

교사의 가르침은 하나의 모습일 수 있으나, 배움의 과정은 하나일 수가 없다. 학습기회와 환경을 공평하고 동일하게 제공한다고 해도 학생들의 배움은 학생 숫자만큼 다양하다. 가령, 아침독서활동에서 학생들이 책을 읽는 모습도, 체육시간에 다양한 기능을 습득하는 정도도, 협력학습이나 소집단 활동에 참여하는 의지나 모습도 모두 제각각이지만, 학생들 모두는 존중받아야 마땅하다. 이에 학생들의 강점지능별 특성을 고려한 수업 전략을 수립하여 소집단 활동에 적용해봄으로써 학급 구성원마다 역할 수행을 분명하게 할 수 있고, 무임승차하는 학생이 줄어들게 되면서 학급 구성원 모두가 소중함을 인식할 수 있게 되었다. 한편, 실제 생활 경험 속에서 다양한 지능을 측정할 수 있는 학습과제를 통해 학생들의 수행 과정과 활동 수준을 평가할 수 있는 방법을 구안할 필요성을 느끼며, 지속적으로 학생들의 강점을 강화시켜나가도록 해야겠다.

학생 이해와 학급운영

매슬로와 만나다

에이브러햄 해롤드 매슬로(Abraham Harold Maslow, 1908~1970)

매슬로는 기본적인 생리적 욕구에서부터 사랑, 존중 그리고 궁극적으로 자기실현에 이르기까지 충족되어야 할 욕구들에는 위계가 있다는 '욕구단계이론'을 주장하였다. 그는 개인의 행동을 결정짓는 동기요인을 연구하고 다양한 욕구체계를 제시함으로써 심리학의 지평을 열었으며, 행정학 특히 조직이론의 발전에 기여한 바가 컸다. 또한 그는 자아실현의 이론을 펼쳤다는 면에서 인본주의 심리학을 창설하였다는 평가를 받고 있다.

"밥을 굶는 사람에겐 밥이 전부지만,
한번이라도 꿈을 꾼 적이 있는 사람은
그 꿈이 삶의 전부가 된다."

- A. H. Maslow -

마음 열기

같은 학년의 다른 반들과 비교하고 싶지 않으려 해도 자연스럽게 비교하게 된다. 바로 옆 반의 아이들은 담임선생님을 매우 잘 따르고 항상 즐겁게 학교생활을 하고 있다. 학업에는 집중력 있게 임하고 체육 활동 때는 일사불란하게 움직이며 최선을 다하는 모습들이 매우 인상적이다. 친구들과의 갈등은 거의 없어 보이며 서로 배려하는 태도까지 갖추고 있어 다른 반 아이들이지만 너무나도 기특해 보이고 사랑스럽다.

그렇게 안정적인 옆 반 분위기에 비해 우리 학급은 안타까운 모습을 보여주고 있다. 아이들의 다툼은 어느덧 일상이 되어 아무 일이 없는 날에는 오히려 불안해지기까지 한다. 우리 학급인 것을 어쩌겠냐며 힘들게 용기를 가다듬고 거의 바닥에 있는 열의를 끌어올려 교육활동을 계획하고 실행해도 혹시나가 역시나라고 아이들은 야속하게도 담임교사의 노력을 일절 모른 채 변함없는 모습을 보여준다.

우리 학급 아이들을 면면이 살펴보자면 더욱 힘이 빠진다. 수업 시간에

단 일 분이라도 차분히 앉아 있는 경우가 없이 교실을 이리저리 마실 다니는 아이, 자기가 하고 싶은 말이 있으면 거친 어투로 내뱉는 아이가 있는가 하면 하교할 때까지 말 한마디 하지 않고 교실에 앉아 있다 가는 아이, 발에 모터가 달린 것처럼 실내를 마구 뛰어다니는 아이, 친구들과 잘 놀다가도 공격적인 언행으로 학급 내 모든 친구들과 갈등을 빚어내는 당대의 싸움꾼이 학급 내 분위기를 주도하여 이끌고 있다.

마땅히 수습할 대책 없이 이 또한 지나갈 것이라며 스스로 위안하기도 한다. 우리 학급이 다른 학급과 '차이 나는 클래스'가 된 원인은 무엇일까 진지하게 고민한 결과 학급 분위기 형성에는 아이들의 개별적인 성향도 영향이 있겠지만 결국 담임교사가 각각의 아이들의 성향에 맞춰나가는 역량 또한 중요하다는 결론에 도달하게 된다.

그래서 같은 학년 선생님들에게 넌지시 학급 운영에 대한 조언을 구해보기도 하거나 다른 교실 너머로 본 것을 그대로 우리 교실에 들어와서 따라 해 보기도 한다. 요즘 많이 출판되고 있는 학급운영 관련 도서들도 구입해서 꼼꼼히 읽어보고, 또 시간을 내서 각종 관련된 학급 운영 연수들을 꾸준하게 듣고 있지만 고민에 대한 해결책은 끝끝내 명쾌하게 도출하지 못한 채 결국 제자리로 돌아가게 됨을 느끼게 된다.

매슬로가 말하다

매슬로의 욕구단계이론은 인간의 욕구가 그 중요도별로 단계를 형성한다는 동기 이론 중 하나이다. 매슬로의 이론에 따르면 '마음 열기'에 나온 학생들의 행동에는 원인이 있고, 또 그 행동들은 욕구의 결핍이나 충족과 관련이 있다고 본 것이다. 이번 장에서는 욕구단계이론의 프리즘을 통해 학급 아이들의 행동을 바라보고 그 행동들을 욕구라는 스펙트럼으로 분산하여 바라봄으로써 아이들의 행동을 보다 근원적으로 이해하는 데 도움을 주고자 한다. 그 결과를 바탕으로 교사는 학생들이 충분히 학습할 수 있는 교육 활동을 계획하고 실천할 수 있으며, 더 나아가 학생들과 함께 행복한 학급 생활을 할 수 있는 가능성을 볼 수 있을 것이다.

아이들의 행동과 원인

선생님, 학생들을 포함하여 세상 모든 사람들의 행동에는 동기가 있습니다. 사람은 특정한 목표에 도달하고자 하는 힘을 발휘할 수 있는 동기를 부여받습니다. 즉 인간의 그 어떤 행동이라도 동기로 인해 행해지는 것이죠. 그렇다면 이러한 동기들은 과연 어디서 발생되어 부여받는 것일까요? 사람의 행동을 동기화시켜주는 것은 바로 내부의 욕구가 작용한 결과입니다.

예를 들어 한 학생이 어느 날 갑자기 열심히 학업에 임하는 행동을 보여주는 것은 시험에서 우수한 성적을 받아 다른 친구들에게 부러움을 받고 싶어서일 수 있고 학업에 진지하게 임하는 학급의 다른 친구들을 보고 소속감을 느끼기 위해서일 수도 있습니다. 또는 학업에 대한 성취감을 계속해서 느끼기 위함일 수 있으며 자신이 가진 잠재력을 발휘하여 목표에 도달하기 위함일 수도 있습니다. 혹은 부모님이나 선생님의 권유로 인해 행해지는 것일 수도 있겠죠.

반대로 평소에 열심히 학습하던 학생이 갑자기 학업에 소홀해지는 행동을 보여주는 것은 그 학생이 최근 소원해진 친구들과의 관계를 생각하느라 학습에 신경을 온전히 쏟지 못한 경우일 수 있습니다. 아니면 학업을 등한시 하는 친구들과 부쩍 친해졌는데 그 친구들이 자신과 동질감을 느끼게 하기 위함일 수도 있고, 가정에서 가족들 간의 불화로 인한 불안감으로 일어닌 행동일 수노 있습니다.

이처럼 학생들의 행동은 어떠한 욕구로 인해 동기화된 것이므로 그러한 행동이 어떤 욕구로 인해 발현된 행동인지 찬찬히 탐색할 필요가 있습니다.

욕구 5단계

사람은 끊임없이 욕망하는 동물이며 아주 잠깐을 제외하고는 완벽하게 만족한 상태에 이를 수 없습니다. 한 가지 욕망이 충족되면 또 다른 욕망이 그 자리를 차지 하기 때문입니다. 그리고 또 다른 욕망이 충족된다 하더라도 새로운 욕망이 전면에 등장하게 됩니다. 학생이 무엇인가를 원한다는 것 자체가 그 전의 다른 욕구를 만족시켰다는 것을 의미합니다.

만약 밥을 먹지 못해 배가 고프다거나 심각한 갈증에 시달릴 때 밥과 물을 섭취하기 위한 욕구가 몸과 마음을 지배합니다. 배가 고플 때는 먹을 것을 찾고 목이 마를 때는 물을 마시는 것이 최우선이지 주변 사람들로부터 존경받는 것이 우선적인 문제가 되지 않겠죠? 배고픔과 갈증을 해결하고 나서야 비로소 주변 사람들과의 관계를 생각하게 됩니다. 마찬가지로 사랑에 대한 욕구가 발생하기 위해서는 나 자신의 몸과 마음 상태가 안정적인 것이 우선이죠.

이처럼 사람의 욕구는 단계들로 이루어져 있으며 아래 단계의 욕구가 만족되면 더 이상 동기를 유발하지 않고 차츰 다음 단계의 욕구가 생깁니다. 만약 충족된 욕구가 유지되지 않는다면 그 욕구는 다시 우선순위가 되겠죠?

저는 모든 사람의 욕구가 생리적 욕구, 안전 욕구, 소속감과 사랑 욕구, 존경 욕구 그리고 자아실현 욕구 등 크게 5개의 단계를 이루고 있다고 주장하였습니다. 그리고 이 5단계의 욕구들을 크게 두 가지로 분류하였습니다. 만약 결핍되었을 때 반드시 충족한 상태에 도달하고 싶어 하는 욕구들을 결핍욕구라고 합니다. 굳이 충족하지 않아도 인생을 살아가는 데 크게 문제될 것은 없지만 스스로의 존재 의미를 돋보여줄 뿐만 아니라 사회 발전에도 이바지할 수 있는 존재가 되고 싶어 하는 욕구들을 존재 욕구(성장 욕구)라고 합니다. 생리적 욕구, 안전 욕구, 소속감과 사랑 욕구, 존경 욕구가 결핍욕구에 해당되며 자아실현 욕구가 존재 욕구(성장 욕구)에 속합니다.

결핍 욕구는 일단 충족되면 욕구를 달성하려는 동기가 감소하게 됩니다. 하지만 존재 욕구는 충족되면 충족될수록 더 높은 성취를 위해 계속 커지게 되죠. 예컨대 배우고 이해하는 노력이 성공적일수록 사람들은 더 큰 배움을 위해 더욱 노력하게 됩니다. 그래서 결핍욕구와는 달리 존재 욕구는 완전히 충족될 수 없으며, 그것을 성장시키고 성취하려는 동기가 끊임없이 유발된답니다.

<욕구 5단계를 나타내는 피라미드 모양의 그림>

욕구

존재 욕구	**자아실현의 욕구**	자신을 개발하고 달성하려는 목표를 실현하고자 하는 욕구
	존중의 욕구	지위, 우월감, 존경에 대한 욕구
결핍 욕구	**소속, 애정의 욕구**	사랑, 우정, 애정 등 우호관계 및 집단 소속의 욕구
	안전의 욕구	물리적 안전과 보호, 안정, 친밀한 환경 추구
	생리적 욕구	허기, 갈증, 잠, 성욕 등 신체적 안락함

1단계: 생리적 욕구

1단계는 생리적 욕구입니다. 사람에게 있어서 가장 기본적이며 강력한 욕구라고 할 수 있겠습니다.

생리적 욕구에 해당하는 것으로 먼저 먹을 것을 얻고자 하는 욕구를 들수 있습니다. 인간은 빵만으로 사는 것은 아니지만 정말로 굶주리고 있는 사람에게 있어서는 빵 한 조각이 전부입니다. 배고픔이 해결되지 않는 이상 그 외의 다른 욕구들은 모습을 거의 드러내지 않습니다. 음식, 안전, 사랑, 존경이 모두 결여된 사람은 다른 무엇보다도 음식을 가장 갈망하겠죠?

또 다른 생리적 욕구는 바로 수면욕입니다. 학교에서 수업 시간이나 쉬는 시간에 잠을 잔다든지 졸고 있는 모습을 보여주는 아이는 전날 밤에 잠을 제대로 못 잤다는 것을 선생님과 친구들에게 몸소 보여주는 것입니다. 잠을 잘 못 잔 상태에서는 학습이 제대로 이루어지지 않는 것은 너무나도 당연한 일이겠죠?

그 밖의 생리적 욕구로는 최근 심각한 사회적 문제로 인식되고 있는 미세먼지와 관련된 호흡 욕구가 있습니다. 아이들이 극심한 미세먼지로 인해 일어나는 생활의 불편함과 보이지 않는 공포심에서 벗어나 쾌적한 환경에서 학습할 수 있도록 해야 합니다. 또한 배설에 관한 욕구 등은 아직 그 욕구들을 잘 제어하지 못하는 초등학교 신입생들에게 있어 매우 중요하게 다루어져야 합니다. 가장 기본이 되는 욕구이므로 아이들이 충분하게 욕구를 충족시킬 수 있도록 수업 시간 사이에 쉬는 시간이나 놀이시간을 충분히 보장해주는 것도 필요합니다.

2단계: 안전 욕구

2단계는 바로 안전 욕구입니다. 일단 생리적 욕구가 어느 정도 충족되면 안전 욕구가 나타납니다. 안전 욕구는 근본적으로 신체적이고 감정적인 위험으로부터 보호되고 안전해지기를 바라는 욕구입니다. 본인의 안전을 위협하는 불확실한 것들보다는 확실한 것을 더욱 선호하고 낯선 환경보다는 익숙한 환경을 더 찾게 됩니다.

우선 아이들이 기본적으로 가장 오래 머물러 있는 곳이기도 한 교실의 환경이 학생들에게 안정되고 부드러운 공간으로 인식되고 있는지를 수시로 확인해야 합니다. 아이들에게 계속해서 낯설고 불안정한 환경으로 느껴진다면 안전 욕구 그 이상의 욕구가 나타나기 힘듭니다.

그리고 교실에서 학생 개인별 자리가 편안하고 따뜻하게 느껴져야 합니다. 만약 그릇된 행동을 심하게 하는 아이들이 있다면, 그 아이들이 교실에서 앉고 있는 자리가 과연 그들에게 신체적으로 혹은 감정적으로 편한 자리인지를 생각해보셔야 합니다. 앉고 있는 자리 주위에 해당 아이와 불편한 관계에 있는 친구가 앉아 있는지, 아니면 잘 드러나지 않지만 그릇된 행동으로 해당 아이와 함께 시너지 효과를 내는 친구가 가까이 앉아 있는지를 확인해봐야 합니다. 앞 사람에 가려서 혹은 시력이 좋지 않아 앞에 있는 선생님과 눈을 마주치기 힘들어하거나, 얼굴을 찡그려 가며 칠판을 보는 학생이 있는지 등을 확인해볼 필요가 있습니다.

아이의 안전 욕구가 나타내는 또 다른 사실은 아이가 규칙적인 일상을 선호한다는 것입니다. 아이들은 예측하기 쉽고 질서가 유지되고 있는 생활을 원합니다. 예를 들어 교사가 불공평하게 대하거나 일관성 없는 모습을 보이면 아이는 불안함을 느낍니다. 그 이유는 교사의 행위로 인해 불안하다 혹은 안전하지 않다고 느낄 수 있으며 더 나아가 세상이 예측할 수 없는 곳으로 보이기 때문입니다. 따라서 아이들의 안전 욕구를 충족시키기 위해서는 체계적이고 안정된 교사의 학급 운영 방식이 필요합니다.

또한 우리 아이들은 학교 안팎의 안전사고뿐만 아니라 학교폭력이나 가정폭력 등의 위협으로부터 안전을 보장받지 못하는 경우가 종종 있을 수 있습니다. 학생들이 평소 학교나 가정에서 신체적이거나 감정적인 위험으로부터 안전한 상황인가를 고려하여 그들의 안전 욕구를 꼼꼼히 살펴보셔야 할 것입니다.

3단계: 소속감과 애정 욕구

3단계는 소속감과 애정 욕구입니다. 인간은 예로부터 생존을 위해서 집단 생활을 한 사회적 존재였습니다. 물론 오늘날 사회에서는 생존을 위한다기보다는 원활한 인간관계를 가지고 어떤 집단에 소속되거나 집단 구성원들에게 인정받고 나를 포함한 '우리'라는 인식을 가지기를 원합니다. 그래서 소속감이 부족하게 되면 우울한 기분이 들며 자존감이 많이 떨어질 수 있습니다.

학급의 아이들도 마찬가지입니다. 아이들은 단체 생활 속에서 교사와 친구들과 서로 친밀한 관계를 유지하기 원하는 동시에 집단에 소속감을 느끼고 싶어 하며 항상 선생님과 친구들과 함께 있고 싶어 하거나 같이 활동하고 싶어 합니다. 그래서 교사는 학급의 아이들이 바람직하고 긍정적인 관계를 바탕으로 소속감을 느낄 수 있도록 내실 있는 친교활동이나 협동학습을 실천하실 필요가 있습니다.

특정 아이가 평소와 다르게 교우관계에 이상이 없는지 혹은 갑자기 자신감이나 자존감이 부족해져 의기소침하고 있는지를 항시 살펴보시고 필요 시 문제를 해결함으로써 아이의 소속감과 애정욕구가 충족된 상태로 해주셔야 합니다.

또한 어떤 아이는 교사의 관심과 애정을 직접적으로 혹은 간접적으로 갈

구하는 모습을 볼 수 있는데 예를 들면 빗자루를 들고 나와 선생님의 자리를 쓸고 싶어 하는 학생은 교사의 관심과 애정을 받고 싶다는 욕구를 귀여운 행동으로 표출한 것이죠. 만약 해당 학생이 원하는 만큼 욕구가 충족되지 않으면 그릇된 말과 행동으로 교사의 관심을 끌려고 할 수 있습니다. '마음 열기'에 나온 아이들처럼 수업 시간에 쉬지 않고 말하거나 교실을 계속 돌아다니는 행동 또한 그 이면에는 학생들의 결핍된 욕구가 투영된 모습일 수 있습니다.

생각하지도 못했던 아이들의 말과 행동이 나타날 때 '저 아이는 왜 저런 말과 행동을 했을까, 어떤 욕구가 결핍되어서 나오는 말과 행동일까'라고 생각해보시면 바람직한 해결의 실마리를 찾을 수 있을 것입니다.

4단계: 존경 욕구

학급이나 친구들 집단에 속하려는 소속 욕구가 어느 정도 만족되기 시작하면, 아이는 집단의 단순한 구성원 이상이 되기를 원하게 됩니다. 인간에게는 내적으로 자존·사율을 성취하려는 욕구(내적 존경욕구)와 외적으로 인정받으며 집단 내에서 어떤 지위를 확보하려는 욕구(외적 존경욕구)가 있습니다.

아이들 또한 스스로 자존감을 높이기 위한 내적 존경 욕구와 친구들과 선생님께 인정받으며 높은 수준에 도달하고자 하는 외적 존경 욕구를 지닐 수 있죠. 아마 선생님 학급의 아이들 중에서도 존경 욕구를 더더욱 충족시키고자 행동하는 경우가 있을 것입니다. 예를 들면 스스로 학습 계획을 세워 꾸준히 실천함으로써 자신이 가치 있는 행동을 했다고 느끼는 아이들도 있을 것이며, 교사에게 칭찬을 받고 싶어 열심히 학업에 임한다거나 친구들에게 관심을 받고자 학급 임원이 되려고 하는 학생들도 있을 것입니다. 그리고 체육활동에서 우수한 신체 능력을 보여주고 싶어 하거나 각종 대회에 나가서 인정받고 싶어 하는 것도 바로 존경 욕구에 기인한 것입니다.

따라서 선생님께서는 시간을 내어 아이들의 관심사를 알기 위해 노력해야 하며 이렇게 알아낸 관심사를 가지고 아이들과 공감하고 소통할 필요가 있습니다. 그리고 내적 존경 욕구와 외적 존경 욕구를 균형 있게 충족시킬 수 있는 기회를 꾸준히 제공해준다면 아이들은 분명 긍정적인 생활 태도를 보여줄 것입니다.

5단계: 자아실현 욕구

마지막 5단계인 자아실현 욕구는 아이 자신의 잠재적인 능력을 최대한 발현하고 창조적으로 자기의 가능성을 실현하고자 하는 욕구를 말합니다. 자아실현의 욕구가 확실히 나타나려면 그 이전에 생리적 욕구, 안전 욕구, 사랑의 욕구, 존중의 욕구가 충족되어야 합니다. 이전 단계의 욕구들이 충만하게 채워진 상태에서 자아실현의 욕구가 나타나는 것이죠.

원래 '자아실현'이라는 용어는 독일 출신 신경학자인 쿠루트 고르슈타인(Kurt Goldstein)[1]이 처음 사용했는데, 저는 그것보다 훨씬 좁고 구체적인 의미로 말씀 드리는 것입니다. 아이 자신이 가지고 있는 최고의 역량을 발휘하여 스스로를 성장시키고 결국에는 완벽하게 목표를 성취함으로써 본인

---

1) 전체로서 통합된 유기체 이론을 주장하였으며 색채심리 연구에 큰 업적을 남겼다.

이 가지고 있는 가능성을 실현하려는 욕구인 것이죠. '나의 능력을 발휘하고 싶다', '자기계발을 하고 싶다' 등 자신이 이룰 수 있는 것 혹은 될 수 있는 것을 성취하고자 도전하는 욕구입니다.

아이가 학습이나 평소에 관심이 많은 작업에 몰입하여 여러 시행착오를 겪고 결국에는 해냈을 때 성취감을 느끼는 모습이 바로 자아실현 욕구를 충족했을 때입니다. 스스로도 대단하다고 생각할 텐데 선생님이나 친구들까지 인정해주고 칭찬해준다면 긍정적이고 바람직한 욕구 충족 행동을 계속해서 보여주겠죠?

자아실현 욕구를 표출하고 있는 아이는 이미 아래 단계의 욕구들을 충족한 상황에 있습니다. 자아실현을 위해 계속해서 노력하고 또 성취할 수 있는 충분한 상태에 있기 때문에 선생님께서 아이가 더 높은 꿈을 꾸고 실현할 수 있도록 지도자 및 조력자 역할을 충분히 수행해야 합니다.

교실뿐만 아니라 학교 밖에서도 아이가 자신의 비전을 찾으려고 노력하며 또 다른 성장 욕구를 가지고 끊임없이 나갈 수 있도록 학교 밖 다양한 교육활동 정보들을 알려주고 기회를 제공할 필요가 있습니다. 아무래도 교사가 학교 외부의 각종 기관에서 실시하는 교육활동들(대회나 체험활동, 전시회 등)의 정보들을 쉽게 접할 수 있으므로 특정 분야에 흥미 있어 하

욕구 단계별 교사의 학생 지도 방법

욕구 단계	교사의 학생 지도 방법
1단계 생리적 욕구	학생의 식생활 상태 파악하기, 수면 상태 체크하기, 쾌적한 교실환경 구성하기, 쉬는 시간·놀이 시간 충분히 허용하기
2단계 안전 욕구	안정되고 부드러운 교실 분위기 조성하기, 학생 개인별로 편안하게 느끼도록 자리 배치하기, 일관되고 안정되게 학급 운영하기, 신체적·감정적 위험으로부터 안전한 상황인지 살펴보기
3단계 소속감과 애정 욕구	긍정적인 관계를 위한 친교활동이나 협동학습 실천하기, 교우관계가 평소와 다른지 혹은 갑자기 의기소침해져 있는지 항상 관심 갖기, 소속감과 애정 욕구를 충족하지 못한 행동인지 파악하기
4단계 존경 욕구	평소 아이들의 관심사를 알도록 노력하기, 관심사를 가지고 아이들과 공감하고 소통하기, 내적 존경 욕구와 외적 존경 욕구를 균형 있게 충족시킬 수 있는 기회 제공하기
5단계 자아실현 욕구	이전 단계의 욕구들이 충만하게 채워졌는지 확인하기, 계속해서 성취할 수 있도록 지도자 및 조력자 역할 수행하기, 다양한 외부 교육활동 정보 제공하기, 위인의 사례 제시하기

거나 특출난 재능이 있는 아이에게 그 정보들을 알려준다면 그 아이는 분명 자아실현의 욕구를 충족시킬 수 있는 좋은 기회로 삼을 것입니다.

또한 선생님이 아이가 관심 있어 하는 분야의 위인이나 아이의 환경과 비슷한 처지에서 성공한 위인의 이야기를 제시해준다면 그 사례는 분명 아이가 자아실현의 욕구를 계속해서 충족해 나갈 수 있는 원동력이 될 수 있으며 바람직한 길을 갈 수 있도록 안내해주는 길잡이가 될 수 있을 것입니다.

그 밖의 욕구는

인간의 학습하는 행동과 예술적인 행위는 5단계의 욕구 이론으로는 완전히 설명할 수 없다는 한계가 있었습니다. 5단계 욕구 이론을 주장한 이후 인지적 욕구와 심미적 욕구를 더 포함시켜서 총 7단계의 욕구들이 체계를 이루고 있다고 새롭게 주장하기도 했답니다.

인지적 욕구는 문화나 교육을 통한 지적 욕구가 나타나 특정한 대상이나 경험에 대해 이해와 배움을 추구하는 욕구를 말하며, 존경 욕구 위에 위치한 욕구입니다. 교실의 아이들이 학습을 통해 지적 욕구를 충족시키는 단계로 학습에 대한 동기가 부여된 단계라고 할 수 있습니다. 앞선 여러 욕구들을 충족했다면 학생들은 학습할 준비가 되었다고 봐도 무방한 것이죠.

심미적 욕구는 외적인 아름다움보다는 정서적이고 감성적인 내적 아름다움을 추구하고자 하는 욕구입니다. 앞에서 말한 인지적 욕구의 바로 위에 있는 욕구로, 사회적으로 이슈가 되고 있는 환경과 자연에 관심이 높고, 문화예술을 감상하며 체험하고 즐기고자 하는 경향이 매우 높습니다. 인지적 욕구와 심미적 욕구 역시 아무리 채워도 완전하게 충족될 수 없는 존재 욕구이므로 되도록 충족 기회를 많이 제공해주고 알맞은 교육 환경을 구성하여 교육 활동을 전개해 나가셔야 합니다.

욕구 살펴보고 충족 기회 제공하기

제 이야기를 듣고 선생님께서 혹시 아이들의 욕구를 살펴보지 않고 오히려 욕구들을 억누른 경험이 있는지 생각해보시기 바랍니다. 아이들의 입장을 이해하지 못한 채 단순히 성취 목표를 도달시키게 하는 것이 교육의 본질이 아니겠죠? 영화 〈위플래쉬(Whiplash, 2014)〉에서 최고의 드러머가 되고 싶어 하는 음악대학 신입생 앤드류는 누구든지 성공으로 이끌어주는 플렛처 선생님을 만납니다. 플렛처 선생님은 앤드류의 안전적인 욕구나 애정 욕구를 무시한 채 강압적인 지도 방법으로 좌절과 성취를 동시에 경험하도록 가르칩니다. 결국 영화 마지막 부분에서 앤드류는 멋지게 공연하여 목표를 달성하지만 과연 교육 과정 상에서 학생의 인간적인 욕구를 무시하고 억누른 채 이루어진 교육이 진정한 교육인가를 생각하게끔 합니다.

반대의 예를 영화 〈코러스(The Chorus, 2004)〉에서 찾아볼 수 있습니다. 2차 세계대전 직후 전쟁의 상처가 아물지 않은 프랑스의 작은 기숙학교에 마티유 선생님이 부임해옵니다. 학교의 엄격한 규율 속에서 반항과 불만이 가득한 아이들은 마티유 선생님을 만나고 나서는 변화하기 시작하죠. 마티유 선생님은 전쟁의 상처나 가정의 결손으로 인한 아이들의 기본적인 생리적 욕구나 안전에 대한 욕구, 애정의 욕구가 충족되지 않은 아이들의 결핍 욕구를 생각하여 따뜻하게 보듬어 주고 가르침으로써 아이들을 바람직한 방향으로 변화하게 만들죠.

마티유 선생님을 만나기 전 아이들은 결핍된 욕구를 그릇된 말과 행동으로 표출하였지만 마티유 선생님은 그러한 자신들을 이해해주고 사랑으로 다가와 주었기 때문에 변화할 수 있었던 것입니다. 또한 마티유 선생님의 극진한 지도로 아이들은 매일 밤낮으로 합창 연습에 매진하였습니다. 아이들은 합창부 활동으로 소속감 욕구와 존경 욕구를 충족할 수 있었고 그 중 한 아이는 성악가가 되고 싶다는 꿈을 실현하기 위해 자신의 잠재력을 최대한 발휘하려고 노력하는 자아실현 욕구를 보여주기도 합니다.

바람직한 학급 운영을 하기 위해서

바람직한 학급 운영을 하기 위해서 아이들의 말과 행동을 통해 어느 단계의 욕구가 결핍되었는지 혹은 충족되었는지를 탐색하고 그에 맞게 적합하고 적절한 교육적 처방을 해주셔야 합니다. 그리고 아이들이 낮은 단계의 욕구만을 표출한다든지 특정 욕구 단계에만 머물러 있다는 시각을 버리시고, 아이들이 현재는 무엇을 할 수 있을지 그리고 앞으로는 무엇을 할 수 있을지에 대해 집중하고 도움을 주어야 합니다. 또한 아이들이 여러 단계의 욕구들을 충분히 충족시킬 수 있도록 다양한 교육 활동들을 지속적으로 계획하고 전개해 나가야 합니다. 그렇게 된다면 아이들은 꾸준히 하위 욕구들을 충족해 나가는 동시에 상위 욕구들을 향해 나아갈 것이며 결국 교실에서 각자의 꿈을 실현하고자 도전하는 멋지고 긍정적인 교육의 장을 펼칠 수 있을 것입니다.

만남 이후

겉으로 드러난 아이들의 말과 행동에 일희일비해온 나로서는 아이들의 행위 이면에 있는 욕구를 파악하여 아이들을 이해하라는 매슬로와의 대화가 큰 깨달음을 주었다.

아이들의 말과 행동으로 인해 내가 상처 받는 것에만 신경 쓰지 않고 오히려 그것을 통해 아이들의 부족한 혹은 충족된 욕구를 파악함으로써 보다 근원적으로 아이들을 이해할 수 있다는 것을 알게 되었다. 또 그러한 이해를 기반으로 하여 교사의 적절한 처방이 더해진다면 더욱 긍정적인 학급 운영을 할 수 있을 것 같은 기대감이 생겼다. 워낙 개성 강한 아이들이 많은 학급이라 쉽지 않겠지만 아이들 내면의 욕구를 파악하여 충족시키고자 하는 교사의 노력이라면 지금보다는 충분히 더 나은 학급으로 운영할 수 있을 것이라는 생각이 든다.

바로 이 곳, 교실이 각각의 아이들이 갈망하는 욕구들을 충족시킬 수 있는 기회의 장소가 되도록 해야 한다. 교실이 아이들 각자가 꿈을 꾸며 실현할 수 있는 공간이 될 수 있도록 교사로서 부단한 노력을 해야겠다. 멋진 학급을 운영하고 싶은 교사로서의 욕구가 지금 막 발현되고 있다.

가르치면서 배우다

엘바즈와 만나다

프리마 엘바즈((Freema Elbaz, 1981~)
엘바즈는 교사들이 가르치는 일을 결정하고 방향을 잡기 위하여 적극적으로 사용하는 복잡하고 실제 지향적인 일련의 이해체계를 가지고 있다는 것을 발견하고 이를 실천적 지식이라고 명명하였다.

"교사는 복합적이고 실제적인 전문적 지식을 소유하고 있으며,
이는 교육의 방향과 교수방법을 설정해주는 역할을 한다."

- F. Elbaz -

마음 열기

오늘도 수업 시간에 전화가 울린다. 올해 첫 발령 받은 옆 반 강 선생님의 다급한 호출이다. 강 선생님은 수업 중 교실 밖으로 뛰쳐나간 준영이를 찾으러 가고, 나는 사물함 위에 올라가 소리치고 있는 찬휘를 내려오게 한 뒤 아이들을 진정시켰다. 다행히 준영이는 놀이터에 있었고 담임선생님의 손을 잡고 이내 교실로 돌아왔다. 며칠 전엔 찬휘와 준영이의 싸움을 말리는 과정에서 준영이는 담임선생님의 손등을 깨물었고 찬휘는 선생님의 책상 아래에 들어가 나오지 않아 한참을 대치하는 일도 있었다. 강 선생님은 수업을 진행하고 싶지만 준영이와 찬휘가 수업을 방해하기 시작하면 학급 전체의 분위기가 휩쓸려 진행이 되지 않는다 했다. 동료 선생님들이 함께 모여 여러 대책들을 이야기 나누고 수업에 흥미를 유발할 수 있는 다양한 활동들을 찾아 준비하였지만 좀처럼 상황이 나아지지는 않는가 보다.

오늘 오후에 강 선생님이 우리 교실로 찾아오셨다.

"동 학년 선생님들과 같이 구성한 수업 내용을 우리 반에 적용했는데 다른 반 아이들처럼 반응이 나오지 않아요."

"준영이, 찬휘도 힘들지만 학급 전체 아이들과의 관계도 흔들리는 것 같
아요."

"학부모님께서 '선생님은 아직 어려서 잘 모르시는데' 하시면서 저보다는
교장선생님과 이야기 하고 싶다 하셔요."

"선생님, 교직이 제 적성에 맞는지 회의가 들어요."

옆 반 선배 교사로서 이런저런 대화를 나누었지만 강 선생님의 마지막
말이 지금 나의 고민이라 선뜻 답을 하지 못했다.

강 선생님의 고민, 아니 나의 고민에 책꽂이 한편에 모아둔 지난 20년간
학급일지를 펼쳐본다. 발령 받은 첫해의 낡은 학급일지에는 하루하루 아이
들과 있었던 일, 아이들과 해 보고 싶은 일들이 빼곡히 적혀 있다. 생활지
도의 어려움도 있었고 학부모님과의 관계 형성에 있어서 힘들긴 했지만 2
년차까지는 정말 열정 가득한 학교생활을 하였다. 3년차에 접어들면서 매
해 똑같이 반복되는 학교생활, 교대에서 배운 내용대로 적용해도 풀리지
않는 학생들의 생활지도, 어렵기만 한 학부모님과의 관계는 교직에 대한
회의감마저 들게 했다. 선배 선생님들의 학급경영에 대한 노하우도 듣고,
교사 커뮤니티에서 좋다는 방법을 찾아 적용도 해보았다. 서점에서 전국적
으로 유명한 선생님들의 노하우가 담긴 책을 구입하여 읽기를 수차례, 나
에게 필요한 연수를 찾아 듣기를 수십 번, 그리고 대학원 공부까지 시작하
게 되었다. 교직생활에 필요한 지식들이 꼭 책에만 있는 것은 아닐 것이다.
엘바즈의 말처럼 이론적인 토대는 책과 연수 등을 통해 얻을 수 있지만, 그

이론을 적용하여 얻는 경험은 또 다른 지식이 되는 것 같다.

　내일 나의 고민이 담긴 학급일지와 실천적 지식에 대한 여러 책들을 들고 강 선생님 교실로 찾아가야겠다.

엘바즈가 말하다

교사들이 수업에서 하는 행위는 경력이 많을수록 자신에게 자동화되고 체화된 직관적인 지식에 의존하는 경향을 보이기 때문에 교사들이 수업에서 활용하는 실천적인 지식은 명시적으로 드러내기가 쉽지 않다. 이러한 점 때문에 교사들이 수업 관련 실천적 지식에 대한 체계적인 관심이나 연구는 이론적 지식에 비해 크게 주목받지 못해 왔다.

교사의 실천적 지식에 대한 체계적인 관심과 정교한 연구는 엘바즈로부터 시작되었다. 엘바즈는 고등학교 영어교사 사라(Sarah)의 실제 수업 사례를 관찰하고 그녀와 면담을 병행하면서 교사들이 가르치는 일의 모습을 결정하고 방향 짓기 위하여 사용하는 일련의 이해 체계가 있음을 발견하고 이를 실천적 지식이라 명명하였다.

엘바즈가 교육현장에서 활용되는 교사의 고유하고도 독특한 지식을 '실천적 지식'으로 개념화한 이후 여러 학자들이 교사의 지식을 탐색해 왔다. 학자에 따라 사용하는 용어가 조금씩 다르고 논의의 초점에도 조금씩 차이가 있지만, 개인이 가지고 있는 지식 체계나 틀의 중요성을 강조한다는 점에서는 공통점이 있다. 엘바즈의 연구는 교사의 실천적 지식의 구조를 좀 더 구체적으로 드러냈다는 점에서 교사교육 분야에 기여하였다.

"이론을 실제 현장에 보편적으로 적용하는 것이 어렵습니다"

교사가 전문성을 가진다는 것은 교과에 대한 지식뿐만 아니라 그 교과를 가르치는 교수능력, 학생에 대한 이해와 상담능력 등을 다 아울러 갖추는 것을 말합니다.

선생님께서는 오늘 아이들에게 받아올림이 있는 덧셈을 도입하려 합니다. 이를 위해 선생님은 대학에서 배웠던 덧셈의 상황에 맞는 적절한 모델과 전략을 다시 살펴보고, 그에 맞는 다양한 활동을 교사 커뮤니티에서 찾았습니다. 그리고 심화활동과 보충활동으로 나누어 지도할 수 있도록 준비하였습니다. 열심히 준비한 수학 수업을 시작하려는 순간, 쉬는 시간에 술래잡기의 규칙을 지키지 않는 문제로 옥신각신하던 준영이와 찬휘가 씩씩거리며 큰 소리로 선생님을 부릅니다. 그냥 두고 수업을 진행하려니 두 아이의 목소리가 점점 커지면서 학급 전체 아동들의 동요가 일어날 것 같고 지금 두 아이의 문제를 해결하고 수업을 하자니 수업 시간이 부족할 듯합니다. 선생님은 두 아이에게 수업에 참여할 것인지에 대한 선택권을 준 뒤 수업을 진행합니다.

덧셈의 방법에 대해 설명하는 중 준수의 우유가 옆 친구 책상 위로 쏟아지면서 짝이 "선생님, 준수가 제 책상에 우유 쏟았어요!"라고 외칩니다. 급하게 수습을 하고 수업을 진행하는데 앞에 앉아 있던 민준이가 "선생님, 저 이거 다 알아요. 학원에서 다 배웠어요"라고 말하고 뒤를 바라보며 딴 짓을 합니다. 짝 활동으로 준비한 덧셈놀이를 시작하자 민지가 "선생님, 영우는 덧셈을 못해요. 저 누구랑 게임해요? 짝 언제 바꿔요?"라며 불평을 합니다. 선생님은 민준이에게는 심화활동을 할 수 있게 하고 영우는 개별 지도

를 합니다. 수업을 마치자마자 준영이와 찬휘를 불러 술래잡기 규칙에 대해 이야기를 나눕니다.

이렇듯 교실 현장에서의 한 시간의 수업 안에는 교수학습활동뿐만 아니라 다양한 일들이 일어납니다. 한 시간 동안의 수학 수업에는 덧셈 지도의 교수학습활동에 대한 이론적 지식만 사용된 것이 아닙니다. 학생들 사이의 다툼 문제, 쏟아진 우유 정리, 수준별 학습, 친구를 배려하는 말하기 지도 등등 여러 상황에 맞춰 적절한 대응을 하시면서 한 시간을 보냈습니다. 이렇듯 교육현장은 복잡하고 불확실한 요소를 포함하고 있어 대학에서 배운 이론을 실제 현장에 그대로 적용하기에는 어려움이 있습니다.

일선 현장의 교사들은 복합적이고 실제적인 전문적 지식을 소유하고 있습니다. 교사 개개인이 가지고 있는 이론적 지식에다 그가 관계하는 실제 상황에 맞도록 자신의 가치관과 신념을 바탕으로 종합하고 재구성한 지식을 교사의 실천적 지식이라 합니다. 무엇을 어떻게 가르쳐야 한다는 교육의 방향과 교수 방법을 설정해주는 교사의 실천적 지식은 교사의 개인적인 경험 및 신념과 밀접한 관련이 있다는 점에서 개인적인 지식이며, 환경과 상황에 영향을 받는다는 점에서 맥락적인 지식입니다. 또한 교사의 실천적 지식은 시간이 흐르고 경험이 쌓임에 따라 끊임없이 재구성되고 창조된다는 점에서 역동적인 지식입니다.

교사의 실천적 지식 내용

교사의 실천적 지식을 이해하고 연구하기 위해서는 실천적 지식의 내용(content)과 구조, 정향(orientation)을 활용하여 총체적으로 바라보아야 합니다. 실천적 지식의 내용은 교사 자신에 대한 지식, 교육과정 지식, 교과 내용 지식, 교수학습 지식, 교수학습 환경 지식 다섯 가지로 구분할 수 있습니다.

교사의 개인적 가치와 목적과 관련된 '교사 자신에 대한 지식'은 전문인으로서 자신을 어떻게 보고 있는지, 타인과의 관계 속의 자신을 어떻게 이해하고 판단하는지, 수업을 할 때 겪는 개인적인 갈등이나 새로운 시도 등이 포함됩니다.

'교육과정 지식'은 교육과정에서 제시하는 일련의 원칙에 대해 아는 것과 교사의 판단에 따라 새롭게 재구성될 수 있는 지식을 의미합니다. 즉 교육과정에서 제시하는 교과의 성격과 목표 및 내용과 방법, 평가 등의 준거는 가르치는 교사에 의하여 다양한 방향으로 재구성되는데 이러한 과정에 필요한 모든 지식을 말합니다.

'교과 내용 지식'은 교사가 가르칠 교과의 내용에 대한 지식과 내용을 가르치는 데 필요한 기능과 관련된 지식 모두를 의미합니다.

'교수학습 지식'은 학습자에 대한 이해 및 일반적인 교수 지식과 교과에 따른 교수법적 지식으로 학습자의 필요와 상황을 파악하여 그에 맞게 가르치는 교수방법에 대한 지식을 말합니다.

'교수학습 환경 지식'은 교사가 위치한 학교 및 교실을 둘러싼 사회, 문화, 정치, 경제, 지리적 환경에 대한 이해이자 교사가 그의 활동과 관계된 모든 교육환경에 대한 신념이라 할 수 있습니다.

교육과정, 교과 내용, 교수학습 지식은 교실에서 일어나는 교수활동과 직접 관계되는 지식이고, 교사 자신에 대한 지식, 교수학습 환경 지식은 교

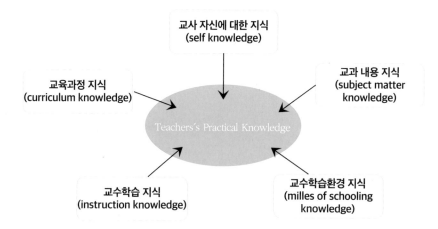

교사 자신에 대한 지식
(self knowledge)

교과 내용 지식
(subject matter knowledge)

교육과정 지식
(curriculum knowledge)

Teachers's Practical Knowledge

교수학습 지식
(instruction knowledge)

교수학습환경 지식
(milles of schooling knowledge)

사가 교실에서 학생들을 가르치는 것과는 직접적으로 관계되지는 않지만 교사의 교수활동을 효과적으로 수행하는 데 필요한 지식을 의미합니다. 수업 현장에서 실천적 지식은 다섯 가지 내용으로 명확하게 구분 되지는 않습니다. 선생님이 사회 수업을 위하여 교재 연구를 하고 있다고 생각해 봅시다. 선생님은 교재 연구 과정에서 선생님의 교육과정, 교과 내용, 교수학습, 교수학습 환경에 관한 각각의 실천적 지식과 교사 자신에 대한 실천적 지식이 결합되어 선생님만의 사회 수업으로 재구성됩니다. 즉 수업은 교사의 실천적 지식인 다섯 가지의 내용 요소가 서로 관련을 맺으면서 총체적으로 형성된 것입니다.

교사의 실천적 지식 형성 배경

교사의 수업에서 드러나는 실천적 지식이 어떤 배경에 의하여 왜 형성된 것인지를 다섯 가지 정향(orientation)을 통해 이해할 수 있습니다. 정향은 교사의 실천적 지식이 형성되는 배경이자 동시에 어떤 행위를 지향하도록 하는 기반을 의미합니다. 교사의 실천적 지식은 정향에 따라 상황적, 개인적, 사회적, 경험적, 이론적 정향으로 구분되며 이 가운데 상황적, 사회적, 이론적 정향은 교사의 외적 환경으로 형성되어 영향을 미치는 정향이고, 개인적, 경험적 정향은 교사 개인의 가치와 성향이 관계하여 영향을 미치는 정향입니다.

상황적 정향은 특정한 교실의 특정 아동들을 대상으로 가르치는 데서 발생하는 특정한 요구에 의해 습득된 실천적 지식입니다. 상황에 따라 교사에게 새로운 지식이 요구되며, 그 상황이 바뀌면 이전에 교사가 가지고 있던 지식을 변화된 상황에 맞게 재구성하여 사용합니다. 선생님이 도시에 있는 학교 또는 시골에 있는 학교에 근무하는지에 따라, 다문화 학생이 많은 교실인지, 기초학습 부진 학생이 많은 교실인지에 따라 선생님에게 필요한 지식은 달라질 것이며 그 경험과 연구를 통해 실천적 지식이 형성됩니다.

20년 전 첫 발령은 면 소재지의 6학급 학교였다. 이 지역은 매년 지역행사를 크게 열었으며 이 행사 개막식 날에는 많은 학교들이 참가하여 풍물놀이를 공연하였다. 학교 풍물반을 맡게 되면서 아이들 지도를 위한 풍물을 배우기 시작하였다. 시작은 아이들 지도를 위한 것이었지만 풍물의 매력에 빠져들면서 10년 넘게 풍물 동아리 활동을 이어갔으며 매년 2회의 정기공연과 일본 공연까지 하였다. 스스로 조용하고 소극적인 사람이라 생각했던 것이 풍물 동아리 활동을 하면서 또 다른 나의 적극적인 모습을 보기 시작했고 아이들을 지도하는 데 있어서도 아이들의 무궁무진한 발전 가능성, 숨겨진 재능을 찾을 수 있도록 다양한 활동과 개인적 정향은 실천적 지식을 형성하는 데 가장 큰 영향을 미치는 교사 개인의 느낌, 목적, 가치관, 지적 신념으로 실천적 지식의 정의적 영역을 형성하는 중요한 기반이 됩니다.

사회적 정향은 사회적인 요구와 기대로, 수업에서는 직접적으로 관여되어 있지는 않지만 교사가 교육활동을 함에 있어 항상 긴장 상태를 갖게 하는 정향이기도 합니다. 교사의 교육적 신념이 사회의 요구와 대립하거나, 특별한 사회적 배경과 신념을 가진 학생을 지도하는 수업 상황에서 나타나기도 합니다.

경험적 정향은 교사가 교직 경험을 통해 다양한 교수 상황을 경험하게 되고 그러한 상황에 적절한 지식을 형성하게 되는 것을 말합니다. 교사가 수업을 실천하는 현재 시점에서 교사가 그동안 경험한 상황과 개인적 경험, 사회적 경험에 반응하고 변화시켜온 모든 경험이 축적되어 나타나는 정향입니다.

수업연구대회가 한창일 때가 있었다. 잘 가르치기 위해 여러 방법을 적용하고 단계에 맞춰 수업을 진행하였지만 아이들의 반응은 차갑기만 했다. 수업 준비를 교사의 입장에서 한 것이 원인이었다. 그 후로 수업 준비를 할 때 아이들 입장에서 아이들이 무엇을 궁금해 하는지, 무엇을 배우고 싶어 하는지, 아이들이 어떻게 받아들일지에 초점을 두고 수업을 준비하였다. 그러자 아이들의 반응에 변화가 생기기 시작했다. 아이들에게 배움이 일어나는 수업이 되었다(경험적 정향: 배움의 기쁨이 있는 수업을 하자).

이론적 정향은 교사의 실천적 지식 형성에 영향을 주는 교수학습 이론이나 전문적 지식으로 이는 어떤 교사양성과정을 거쳤는지, 연수과정에서 어떤 이론을 배우고 습득하였는가와 관계가 깊습니다.

교직생활을 하면서 다양한 아이들을 만났다. 학교에서는 한마디도 하지 않는 선택적 함묵증을 가진 아이를 만나면서 여러 상담연수를 받기 시작했으며 지금은 대학원에서 긍정적 행동 지원을 공부하고 있다. 상담연수 과정과 대학원 공부를 통해 아이들의 행동에는 목적이 있으며 그 행동을 상황 속에서 이해하고 긍정적 행동 지원이 필요함을 알게 되었다(이론적 정향: 행동은 맥락적이다).

이러한 다섯 방향성에 의해 형성되는 교사의 실천적 지식은 현장에서 의사결정의 기초가 되며 교사 행동의 근원이 됩니다.

교사의 실천적 지식 구조

교사의 실천적 지식은 일반화의 정도에 따라 실천의 규칙, 실천의 원리, 이미지의 수준으로 구조화할 수 있습니다.

실천의 규칙은 특정 수업 상황에서 교사가 어떻게 해야 하며 무엇을 해야 하는지를 규정하는 간략하고도 분명한 진술을 말합니다. 예를 들어 '매 수업시간마다 단원명과 학습목표를 칠판에 적어 놓는다', '집중 구호를 적절히 활용한다', '수업 시간에 학생들의 이해 여부를 수시로 확인한다', '놀이와 게임을 통해 수업에 적극적으로 참여하게 한다', '과학 실험방법을 설명할 때 동영상과 사진자료를 적극 활용한다'와 같이 구체성을 지닙니다.

실천의 원리는 교사가 주어진 상황에서 무엇을 어떻게 하는지에 대한 진술이라는 면에서 규칙과 유사합니다. 하지만 규칙보다 포괄적이고 일반적인 수준의 진술이며 교사가 따른 규칙의 의도와 근거를 더욱 분명하게 드러내는 개념입니다. 교사 개인적 경험으로부터 유래되고 깊이 생각하고 충분히 의논하는 반성의 과정을 통해 드러나는 진술로 원리와 규칙을 비교하면 아래와 같습니다.

원리1 다양한 방법과 자료를 활용한다.

규칙 1-1 놀이와 게임을 통해 수업에 적극적으로 참여하게 한다.

1-2 생활 속 자료를 활용하여 이해를 돕는다.

1-3 짝에게 자신의 풀이과정을 설명해 보게 한다.

1-4 토의를 통해 서로의 생각을 공유하게 한다.

원리2 배움의 속도가 다르다는 것을 인정한다.

규칙 2-1 활동에 충분한 시간을 준다.

2-2 수업 시간에 학생들의 이해 여부를 수시로 확인한다.

2-3 이해가 안 된다고 말하는 아이에게 고마움을 표현한다.

2-4 학생 저마다의 풀이 과정을 존중해 준다.

2-5 성취수준을 뛰어 넘는 아이를 인정해준다.

이미지는 실천적 지식의 구조 세 가지 중 교사의 신념, 가치관, 요구, 믿음을 나타내는 가장 일반적이고 총체적이며 함축적인 진술입니다. 예를 들어 '차별하지 않고 다름을 인정하자', '배움이 있는 수업이 좋은 수업이다' 등으로 표현하는 것처럼 이미지는 좋은 교사, 좋은 수업은 어떠해야 하는가에 대한 큰 그림이라 할 수 있습니다. 대부분의 교사는 좋은 교사, 좋은

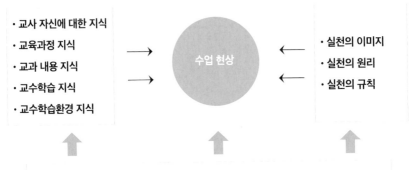

실천적 지식의 내용과 정향 및 구조의 관계

- 교사 자신에 대한 지식
- 교육과정 지식
- 교과 내용 지식
- 교수학습 지식
- 교수학습환경 지식

수업 현상

- 실천의 이미지
- 실천의 원리
- 실천의 규칙

개인적 정향, 경험적 정향, 이론적 정향, 사회적 정향, 상황적 정향

학생, 좋은 수업에 대한 이미지를 가지고 있으며 이것은 교사의 실천적 지식을 조직하는 데 가장 큰 영향력을 행사합니다.

하나의 이론으로 정립될 수는 없는지요?

교사의 실천적 지식은 교수 행위를 통해 검증되고 축적된 지식입니다. 이는 교사 개개인의 지식이며 한 교사의 실천적 지식이 다른 교사의 상황에 적용되지 않을 수도 있습니다.

동료 선생님과 함께 자료를 개발하여 투입하였는데 옆 반의 반응과 우리 반의 반응이 다를 수 있습니다. 작년에 적용하여 폭발적인 반응을 보였던 칭찬통장 시스템이 올해에는 그 반응이 시들할 수도 있습니다. 또한 고운 말을 사용하지 않는 두 아동을 지도하는 데 있어서도 아동의 성향에 따라 그 방법이 다를 때도 있습니다.

이러한 이유로 지금까지 교사의 실천적 지식을 하나의 이론으로 정립할 수는 없었지만 선생님들께서는 여러 방법으로 실천적 지식을 활용하며 공유하고 있습니다. 선생님은 교육과정을 수업에 적용함에 있어 다양한 맥락, 즉 지역적 특성, 아동 상황 등을 고려하여 교사가 처한 개별적 상황에 맞도록 교육과정을 재구성합니다. 그리고 선생님들께서 개발하고 적용해본 여러 교육활동을 교사 커뮤니티를 통해 공유함으로써 개인의 실천적 지식을 쌓으며 나누고 계십니다. 또한 좀 더 깊게 연구하고 적용해 본 이론들의 실천을 책으로 펴냄으로써 교사의 실천적 이론을 형성하고 계십니다.

learning to teaching

다른 교사의 실천적 지식을 접하는 것은 현장 교사에게 자극제가 될 수도 있으며, 자신만의 새로운 실천적 지식 생성의 기회가 될 수 있습니다. 실천적 지식을 공유하고 적용함에 있어 교사는 자신이 처해 있는 여러 가지 구조적, 상황적 요소를 분석하고 적용여부를 결정지어야 합니다. 바람직하지 못한 부분이 있을 수 있음을 인식하고 비판적 시각으로 점검해 보아야 합니다.

교사의 실천적 지식은 단순히 교사의 경력이 늘어감에 따라 자동적으로 축적되는 것이 아닙니다. 또한 경력자가 알고 있는 것 중에서도 바람직한 것을 말해준다고 해서 저절로 습득되는 것도 아닙니다. 교사의 의미 있는 경험과 부단한 노력을 통해 형성되고 발전할 수 있습니다. 즉 교사의 실천적 지식은 교사 스스로가 끊임없이 자신의 수업 행위를 반성하고, 수업 개선을 위한 의미 있는 경험을 가지려고 노력할 때 더 풍성해질 것입니다.

가르침과 배움의 세계를 동시에 갖는 교사의 실천적 지식은 이론과 실천 사이를 부단히 오가면서 새롭게 자신의 이론을 만드는 지혜로운 활동입니다.

만남 이후

되돌아보니 교직이 나의 적성에 맞는지 고민하며 반성하면서 했던 활동들을 통해 나만의 실천적 지식을 형성해오고 있었다. 연수와 대학원을 통해 전문적 지식을 쌓아왔고, 수업공개와 참관을 통해 수업 기술 향상을 위해 노력해왔다. 멘토링으로 저경력 선생님에게서 자극도 받고 새로운 관점으로 바라보는 시각도 넓혀왔다. 전문적 학습공동체 활동을 통해 다양한 이론과 방법들을 적용해 보고 경험해 봄으로써 나만의 교육 이미지도 형성하고 있다. 아이들을 바라보는 나의 관점과 기준이 바뀌어 온 것이 느껴진다. 교직에 적합하도록 나를 변화시켜 온 것이었다.

목요일 오후, 어김없이 하는 일이 있다. 그것은 다음 주 학습계획을 수립하고 수업준비를 하는 나만의 약속 시간이다. 오늘도 다음 주 학습계획을 세우기 전 이번 주 학급일지를 살펴본다. 월요일 1교시 수업 중간에 경훈이가 학교에 왔다. 지난 주말에 퀵보드를 타다 넘어져 무릎과 얼굴에 상처가 생겨 병원에 다녀오느라 늦은 것이었다. 20분 정도 진행된 국어 수업은 자연스럽게 퀵보드 안전하게 이용하기 수업으로 전환되었다. 수요일 수학 시간, 그림을 보고 뺄셈식을 만들어 내는 데 어려움을 보여 보충 지도의 필요성을 느끼고 목요일, 금요일 학습 계획을 수정하였다. 점심시간 신나게 뛰어놀아 흐트러진 예나의 머리를 묶어주면서 학기 초에 머리끈 한 봉지와 머리빗을 구입해 두기 잘했다는 생각도 했다. 다음 주에는 전문적 학습공동체 시간에 옆 반 선생님이 공유해 준 감정이해 수업을 실시해 보기로 계획을 세우면서 학급일지를 덮는다. 내일 또 어떠한 일이 생겨 나의 학습계획이 수정될 수도 있다. 이 또한 교사의 실천적 지식을 형성하는 과정이기에 예측 불가능한 교실의 상황이 두렵지만은 않다.

교사는 예술가

아이즈너와 만나다

엘리엇 아이즈너(Elliot Wayne Eisner, 1933~2014)
아이즈너는 가르치는 일이 높은 기술과 사랑으로써 이루어질 수 있는 것이기 때문에 교사와 학생 모두에게 교육의 경험은 예술적이라고 말했다. 그는 1900년대 중반 미국 사회에 만연한 과학적 인식론 기반의 교육 풍토를 비판하며 주로 예술교육, 교육과정, 교육의 질적 평가에 대해서 연구했다. 아이즈너의 연구 결과는 행동목표에 대한 비판, 영 교육과정의 제시, 수업의 예술적 측면에 대해서 깊이 있는 통찰을 제시했다는 점에서 시사하는 바가 크다.

"교육은 창조적 예술이다."

- E.W. Eisner -

마음 열기

초등교사가 되기로 결심하고 들어간 교육대학교. 교사가 되겠다는 강한 의지를 가진 것은 아닌 터라 내가 이곳 생활에 만족할까 걱정도 했다. 당시에는 대학에서 1학년 학생들을 대상으로 한 주간 참관실습 기회를 제공하였다. 아직도 참관실습 때 만났던 초등학교 3학년 아이들의 재잘거림이 눈에 선하다. 활기차고 건강한 에너지를 물씬 풍기는 아이들의 모습은 몇 년 동안 진로문제로 방황하며 고립된 삶을 살았던 내게는 신세계였다. 쉬는 시간, 아이들은 교실 뒤편에 앉아 있는 내게 다가와 호기심 가득한 얼굴로 온갖 질문을 쏟아냈다.

"선생님은 몇 살이세요?"
"선생님은 외국인 닮은 것 같아요. 외국 사람이에요?"
"선생님은 프로레슬링 좋아하세요?"

아이들과의 만남에 대한 기대 비슷한 감정도 있었지만 예상치 못한 적극적인 질문 쇄도에 어리둥절 답변하기 바빴다. 그러나 그것은 분명 내게 긍정의 에너지로 작동했다. 일상에서 접할 수 없었던 '나'를 경험했고, 새삼 나 자신이 특별한 존재처럼 느껴졌다. 일주일 동안의 참관실습은 다소 무기력했던 내게 예비교사가 가져야 할 교육에 대한 관심과 좋은 교사가 되겠다는 열정을 심어주었기 때문이다. 그러나 안타깝게도 예비교사로서 느낀 첫 참관 때의 긍정적인 감정은 3학년이 되어 나간 교육실습에서 반감되었다. 단순히 과거에 유사 경험을 했기 때문만은 아니다. 아이들은 늘 반겨주었고 나 역시 아이들의 환대에 매우 행복했으니까 말이다.

사실 1, 2학년 때와 비교해서 가장 크게 달라진 점은 내가 교과 수업을 하느냐의 여부였다. 그때 당시의 교육실습은 단순히 교실 뒤편에 앉아서 담임선생님의 수업을 보기만 하면 됐다. 하지만 3학년이 되어서는 필자가 시연할 수업 과정안을 작성하고 그것을 검토 받은 후 직접 수업을 하는 것이 더욱 큰 비중을 차지했다. 함께 교육실습에 참여한 예비교사들 모두 제각각 벗진 수업을 준비하기 바빴고, 서로의 수업 계획에 대해서 의견을 교환하며 수업의 성공을 기대했다.

하지만 학생들 앞에서 연출한 첫 수업은 실패였다. 수업목표 달성이나 학생들의 적극적인 참여 여부를 떠나서 일단 수업을 끝낸 후의 감정이 영 불편했다. 수업 과정안에 제시된 대로 자연스럽게 수업을 진행하기 위해 긴장을 늦추지 않았기 때문일까? 아이들과 보내는 쉬는 시간은 매우 즐겁고 편했는데, 수업은 왜 그리 힘들었을까? 수업 시간 내내 학생과의 상호작용이 별로 없었다. 학생의 반응에 대한 대응도 역부족이었다. 수업목표에 대한 판서, 활동 소개, 교수학습활동 전개 등 머릿속에 다음 활동을 지속적으로 상기해가며 열심히 수업했는데……. 수업이 끝나고 이어진 협의회에서 자조 섞인 수업 소감을 밝혔다.

"아이들의 학습 성향과 특성, 수준 등을 제대로 이해하지 못한 채 수업을 계획해서 애초에 의도한 대로 수업을 할 수 없었습니다."
"학습자 진단을 어떻게 잘못했다는 말씀인가요? 학습자 진단을 제대로 했다면 선생님께서 예상한 대로 수업이 흘러갔을까요? 그랬다면 선생님께서는 수업에 만족했을까요? 학생 한 명 한명이 다 다르고 생각이 어디로 튈지 모르는 천진난만한 아이들인데 이 아이들의 반응을 모두 예상한다는 것은 불가능합니다."

멘토 담임선생님께서는 내 스스로 실패라고 규정한 수업에 대해서 수업의 성공과 실패를 떠나 실패의 원인 분석에 대해 다시 한 번 생각할 수 있는 기회를 주었다. 단순히 학습자 진단의 실패가 초래한 문제가 아니라 수업을 바라보는 필자의 시선을 점검했다. 완벽한 수업을 위해 수업과 관련된 여러 제반 사항들, 그리고 예상 시나리오까지 모든 것을 암기하려고 했다. 주입식 교육이 나쁘다고 하면서 수업을 암기하여 진행하려고 했던 내 자신의 어리석음을 깨달았다. 학생들의 입에서 예상되는 답변이 나오지 않았을 때의 막막함, 예상했던 답변이 나왔을 경우에 하려고 했던 내 반응, 그리고 실제로 계산했던 대로 반응한 내 자신. 모든 것이 어색했다.

아이즈너가 말하다

학교 수업에는 목표가 존재한다. 형태는 조금씩 다르지만 현재에도 우리나라의 학교에서 통용되고 있는 수업 지도안의 상단에는 수업목표를 기재하는 부분이 있으며, 그 목표는 흔히 행동 목표로 기술되기를 기대한다. 학생들이 특정 기술을 습득하는 데는 유용할지 모르나, 교육의 목적이 구체적인 행동으로 표현되는 것에만 있지 않다. 오히려 아이즈너는 교사가 학습 활동을 구상할 때 그 목표가 구체적이거나 밖으로 드러나는 것이 아니면 좋겠다고 다소 거실에 표현한다. 그는 수업에 대한 공학적 차원을 넘어 예술적 차원을 강조하며 교사에게 교육에 대한 감식안(鑑識眼)을 지닐 것을 요구한다.

수업, 왜 하나

예비교사도 아닌 현직교사가 이런 질문을 던진다면 어리석은 일일까요? 수업을 왜 하는지도 모르면서 수업을 하고 있으니 말입니다. 교실이라는 공적 공간에서 교사와 학생 모두 가장 많은 시간을 수업으로 보냅니다. 수업은 국가가 학생들에게 가르치고자 하는 교육목표, 내용과 관련됩니다.

교사는 교과별 목표에 근거하여 단위 차시 수업마다 목표를 설정하고 수업을 진행합니다. 여기서 교과 목표는 학교급별 교육목표에 부합하고, 이것은 또다시 국가수준의 교육과정에서 추구하고 있는 인간상을 기르는 데 기여해야 합니다.

한국 초등학교 교육과정에서 밝히고 있는 '추구하는 인간상'을 살펴봅시다.

우리나라의 교육은 홍익인간의 이념 아래 모든 국민으로 하여금 인격을 도야하고, 자주적 생활 능력과 민주 시민으로서 필요한 자질을 갖추게 함으로써 인간다운 삶을 영위하게 하고, 민주 국가의 발전과 인류 공영의 이상을 실현하는 데에 이바지하게 함을 목적으로 하고 있다. 이러한 교육 이념과 교육 목적을 바탕으로, 이 교육과정이 추구하는 인간상은 다음과 같다.

가. 전인적 성장을 바탕으로 자아정체성을 확립하고 자신의 진로와 삶을 개척하는 자주적인 사람
나. 기초 능력의 바탕 위에 다양한 발상과 도전으로 새로운 것을 창출하는 창의적인 사람
다. 문화적 소양과 다원적 가치에 대한 이해를 바탕으로 인류 문화를 향유하고 발전시키는 교양 있는 사람
라. 공동체 의식을 가지고 세계와 소통하는 민주 시민으로서 배려와 나눔을 실천하는 더불어 사는 사람

우리가 한 차시의 수업을 이야기할 때 국가 수준에서 추구하는 인간상까지 꺼내드는 경우는 거의 없습니다. 왜냐하면 교과별 교육과정을 설계한

연구자들은 국가수준 교육과정에서 밝히고 있는 인간상과 핵심 역량에 기초하여 교육과정을 개발하였기 때문입니다. 그런데 개발자 차원에서 선언적으로 제시하고 있는 교과 역량은 지극히 추상적이기 때문에 단위 차시 수업과의 연관성을 이야기하는 데 한계가 있습니다. 시간 단위로 분절된 수업을 진행하는 선생님과 교육의 목적 사이에는 엄청난 간극이 존재합니다. 한 차시 수업을 통해서 학생들이 성취하길 바라는 수업목표가 달성됐다면 그것이 곧 교과 성취기준, 역량들, 추구하는 인간상 도달에까지 긍정적인 영향을 끼쳤을 것이라고 판단할 수 있을까요? 이러한 환원주의적 사고방식을 무의식적으로 따르는 선생님이 있다면 교육의 근본적인 목적을 경시한 채 단위 차시의 수업목표 달성에만 함몰될 가능성이 있습니다.

일찍이 타일러(Tyler)는 교사가 교육의 목적에 대한 명확한 인식 없이 수업을 전개하는 것은 문제가 있다고 지적하였습니다. 그에 따르면 수업목표는 명확히 진술되어서 평가의 객관적인 준거 역할을 할 수 있어야 합니다. 그러기 위해서 타일러는 수업목표가 행동목표로 기술되어야 한다고 주장했습니다. 수업 이후 학습의 결과로 나타나는 학생의 변화를 관찰하고 측정하여 수업의 성패를 판단할 수 있다고 본 것입니다. 그러나 그의 말은 반은 맞고, 반은 틀립니다. 교사가 어떠한 목표를 설정하고 무엇을 가르쳐야 하는지에 대한 명확한 인식 없이 수업을 한다면 의도한 대로의 교육목표를 달성하기 어렵습니다. 교사 스스로 자신이 가르치는 교과 내용에 대한 이해를 전제로 수업 과정과 수업 후에 학생들이 교과 지식을 제대로 습득했는지 확인하는 작업은 교사의 전문성에 속하며 책무성 측면에서도 간과할 수 없는 중요한 요소입니다.

교사가 특정 교과의 수업목표를 측정 가능한 과학적 차원에서만 바라본다면 학생들은 교과의 진정한 가치를 체득하지 못할 것입니다. 수업은 꼭 그 수업으로 체감할 수 있는 효과가 있을 때만 의미가 있나요? 우리는 한 차시의 사회 수업으로 학생들에게 얼마나 시민의식이 길러졌는지 측정할 수 없습니다. 발표를 적극적으로 했다면, 3회 이상 발표했다면, 적극적으로 대화에 참여했다고 말할 수 있을까요? 사실 교실 속 대화에서 어떤 학생은 말하지 않고도 적극적으로 대화에 참여할 수 있습니다. 이에 동의한다면 자기 생각을 관철시키기 위해서 끊임없이 발언권을 얻어서 친구들을 설득하려는 학생보다 여러 사람의 의견을 귀담아 들어주는 학생이 더 훌륭한 민주 시민으로 성장할 수 있다는 것도 부인할 수 없습니다.

영 교육과정(The null Curriculum): 학교가 가르치지 않는 것

이와 관련하여 한국 사회의 교육 현실은 그리 좋지 않습니다. 일반인들은 쉽게 이해할 수 없는 교실 수업의 다양한 맥락과 교육과정의 복잡성이 엄연히 존재함에도 불구하고, 선생님들 스스로가 과학적이고 객관적인 수업을 지향하고, 그 속에서 교육의 전문성을 찾고 있는 게 한국 교육의 현주소입니다. 교사는 교과서에 담겨 있는 파편화된 지식들을 전수해주는 차원을 넘어서야 합니다. 교사는 학생들에게 실제 삶에서 맞닥뜨리는 문제들을 해결하는 능력을 길러주어야 합니다. 나아가 다른 사람들에 대한 편견을 버리고 함께 어울려 살아가는 덕과 지혜를 갖출 수 있도록 가르쳐야 합니다. 선생님은 이러한 것을 수업에서 가르치고 있습니까? 삶의 지혜는 자신이 맡은 교과 수업을 잘 했다고 해서 자연히 따라오는 부산물이 아님니다.

  선생님은 학교가 가르치는 것뿐 아니라 학교가 가르쳐야 할 것을 소홀히 한 것에 의해서도 학생들에게 영향을 줄 수 있다는 점을 명심해야 합니다. 학생들은 특정한 것을 배우지 못했기에 그것을 알지도 못하며, 자신이 직면한 문제 상황에 활용하지 못할 수 있습니다. 만약 선생님께서 학생들의 기나긴 학습 여정에서 '총체적 성장'을 지원하지 못하고 공학적으로 측정 가능한 단위 차시의 학습 목표에만 몰두한다면, 이것이야말로 숲을 보지 못하고 나무만 보는 형국입니다. 인간의 사고는 과학적 언어, 숫자에 의해서만 이루어지지 않습니다. 또한 모든 사고에 법칙이 있는 것도 아닙니다. 오히려 시각적, 청각적, 은유적 사고가 수학적이거나 논리적인 사고 체계가 가진 한계를 뛰어넘을 수 있습니다. 그러나 학교가 이러한 형태의 사고 경험을 학생들에게 제공하지 못한다면 학생들의 사고 체계는 심각하게 왜곡될 수 있습니다.

측정 VS 평가

문제는 더 있습니다. 학교가 가르쳐야 할 내용 중에서 비언어적인 것과 논리 이전의 논리 등은 산술적으로 계량화할 수 있는 성질의 것이 아닙니다. 즉, 우리는 이러한 사고의 형태가 학생들에게 발달하고 있는지 혹은 결핍된 상태인지를 측정하기 어렵다는 말입니다. 상황이 이러함에도 학교에서 시행되고 있는 평가는 대부분 관찰과 측정의 형식으로 진행됩니다. 아니 더 정확하게는, 관찰과 측정이 가능한 요소만 평가하고 있다는 말이 맞겠습니다. 이렇게 되면 학생 평가에 있어서 측정이 용이한 부분은 평가에 반영하고, 측정하기 곤란한 부분은 평가에서 제외될 위험이 높습니다. 이것이 만들어낸 것이 선택형 시험문제라고 봐도 무방합니다.

선생님들이 교육이 일어나는 교실 상황의 복잡성을 인정하면서도 쉽게 측정 형식의 평가를 버리지 못하는 이유가 무엇일까요? 다양한 원인이 있겠지만 학생 선발을 해야 하는 교육 현실, 그리고 그와 관련하여 선생님들의 교육 평가에 대해서 전문성을 존중하지 않는 사회 분위기가 가장 큰 원인인 것 같습니다. 교사는 교육과정-수업-평가 전반에 걸쳐서 전문가입니다. 아무리 현재의 교육환경이 일정 부분 측정으로부터 자유로울 수 없다 할지라도 끊임없이 평가의 안목을 신장시키고 학교 밖을 설득하기 위해 힘써야 합니다.

교육적 감식안과 교육비평

교사는 측정의 수준을 넘어서 복잡하고 미묘한 교실 세계를 이해하고 학생들의 상호작용을 해석할 수 있어야 합니다. 수업 장면은 과학자의 눈으로는 볼 수 없는 요소가 너무 많습니다. 수업참여자의 내부 세계, 학생과 교사 사이에 축적된 교실 이야기 등은 수업을 관찰해서 파악할 수 있는 대상이 아닙니다. 그럼에도 불구하고 교육계에 퍼져있는 연구 방식은 아직도 양적 연구가 주를 이루고 있습니다. 학교 현장의 혁신적인 변화를 이끌기 위해서는 질적 연구가 훨씬 더 중요합니다. 객관화된 데이터에 의한 통계보다도 교실 안에서 현재 무슨 일이 일어나고 있고, 교사와 학생들이 어떤 방식으로 상호작용하고 있는지를 보아야 합니다.

예를 들어 교실 수업에서 교사가 학생에게 질문을 몇 번 했고, 그 중에서

발산적 질문은 몇 번이었는지는 수업을 참관한 사람이라면 누구나 셀 수 있습니다. 오차를 줄이기 위해서 여러 사람이 세어보거나 과학기술의 힘을 빌려 분석할 수도 있습니다. 하지만 슈퍼컴퓨터가 수업에서 교사가 던진 질문이 정말 필요한 질문이었는지, 학생들의 사고에 정말 유의미하게 작용했는지 등에 대해서는 답을 해줄 수 없습니다. 이것은 실제 수업을 본 선생님만이 말할 수 있는 부분입니다. 물론 수업을 본 선생님이 어떠한 교육적 안목과 식견을 갖고 있느냐에 따라 해석의 질은 달라집니다. 그래서 저는 선생님들에게 교육적 감식안이 필요하다고 봅니다.

선생님이 학교 교육활동에서 지각한 일체는 본질적으로 선생님 개인의 것입니다. 어디까지나 선생님의 내부에 존재하는 것이지요. 그런데 우리는 자신이 지각한 것을 모두 말로 표현할 수 없습니다. 어떤 수업을 참관하면서 선생님이 지각한 것을 다른 선생님들에게 전달할 때 어려움을 느껴본 경험이 있는지요? 지각된 것을 언어를 통해서 전달하는 것은 결코 쉬운 일이 아닙니다. 어떤 수업에서 일반 사람들이 목격할 수 없는 교육적 요소와 그것의 가치를 발견했을지라도 그것을 언어로 풀어낼 역량이 부족하다면 이것은 선생님 혼자만의 경험으로 끝납니다. 수업에서 경험한 선생님의 개인적인 것들을 다른 사람과 나누기 위해서는 언어가 힘을 발휘해야 합니다. 선생님의 교육적 감식안에 대한 언어적 표현은 교육에 대한 일종의 비평입니다.

수업은 하면 할수록 어렵다

주변에서 '수업은 하면 할수록 더 어렵다'고 말씀하시는 선생님들을 만납니다. 사실 수업을 하면 할수록 방법적 측면의 기술은 몸에 더 익숙해지고 자기 것이 되기 마련입니다. 이러한 논리대로라면 수업은 하면 할수록 쉬워져야 하는 것 아닐까요? 선생님마다 개인차는 있겠지만 교육 경력이 많은 선생님일수록 수업 방법적 측면에서의 기술이나 노하우는 더욱 세련될 것입니다. 그럼에도 불구하고 수업 경험이 많은 교사가 수업을 어렵다고 말하는 것은 수업이 단순히 교육내용을 전달하는 방법적 측면에서만 이해될 수 있는 것이 아니라는 것을 반증합니다. '수업을 하면 할수록 어렵다'는 말은 교사가 단순히 수업을 교수학습방법 차원에서만 바라본 것이 아니라 자신이 적용한 수업방법과 그것을 통해 전달된 수업 내용이 얼마나 정합적인가 하는 부분까지 고민했을 때 나올 수 있는 반응입니다.

교사라면 누구나 수업을 잘 하고 싶어 합니다. 학교 안의 다양한 상황에서 교육이 이루어지지만 교실 수업은 학교에서 학생을 가르치는 의도된 교육활동의 핵심입니다. 교사의 전문성은 수업에서 드러나야 하며 훌륭한 선생님이라면 당연히 수업을 잘 해야 합니다. 그러나 어떤 선생님은 자신의 학급경영이나 수업능력 부족, 학생에 대한 무관심으로 말미암아 때때로 학생들에게 가르쳐야할 내용을 가르치지 못할 수도 있습니다.

많은 선생님들이 수업을 잘하기 위해서 부단히 노력하고 있습니다. 예비교사 시절 배운 교수 이론에 더해서 최신 교육 이론을 배우기 위해서 공부합니다. 최신 교수법에 대한 정보를 습득하기 위해 책을 읽기도 하고 다양한 경로를 통해 얻은 교수공학 매체를 자신의 수업에 적용하기도 합니다. 교육청에서는 교사의 수업 역량 신장을 효과적으로 지원하기 위해서 유익한 연수 프로그램을 운영하기도 합니다. 그러나 여러 통로를 통해서 배운 수업 기법을 교실 수업에서 제대로 적용시키려면 이론적 연구와 더불어 실천적 연구가 병행되어야 합니다. 바로 수업을 직접적으로 들여다보는 것입니다. 이때의 수업은 자기 자신의 수업일 수도 있고 다른 선생님의 수업일 수도 있습니다. 생생하게 살아있는 실제 수업을 보는 것이야말로 자신의 수업 역량을 키울 수 있는 최적의 방법입니다.

수업을 왜 보는가

현장에서는 실제로 수업을 잘 하기 위해서 많은 교사들이 서로의 수업을 나누고 있습니다. 전통적인 방식의 장학 형태로 수업을 공개하기도 하며 동일 학교에 근무하는 선생님들이 전문적 학습공동체를 조직, 협력하여 교육과정을 설계하고 수업을 실천합니다. 이후에는 그 결과에 대해서 함께 성찰하는 시간을 갖습니다. 이러한 일련의 모든 과정은 교사의 수업 역량을 키우는 데 있어서 대단히 중요한 역할을 합니다.

특히 다른 선생님의 수업을 보는 것은 평소 자신이 하는 수업과 다른 점을 포착할 수 있는 기회가 되고 이는 교사로 하여금 자신의 수업을 조금 더 객관적으로 바라볼 수 있도록 돕습니다. 여기서 잠깐, 앞에서 언급한 대로 교사가 수업을 설계할 때 한 차시의 수업목표 달성을 위한 효율적 교수학습 방법 탐색에만 머물러서는 안 된다는 말을 상기해 봅시다. 이것은 비단 수업을 하는 교사에게만 해당되지 않습니다. 수업을 하는 근본적인 이유에 대해서 고민하는 교사라면 수업을 볼 때 역시 동일한 고민을 해야 합니다. 다른 교사의 수업을 보는 교사의 시선이 단지 수업의 방법적 측면에만 머물러 있다면, 수업 참관 의미는 이후 자신의 교실로 돌아가서 활용할 수 있는 다양한 교수법을 배우고 새로운 매체 활용법을 배우는 정도에 불과할 것입니다. 아래 L선생님의 교단일기는 자신의 수업을 본 동료 교사들의 수업분석과 지적에 속상함을 있는 그대로 표현한 내용의 일부입니다. L선생님은 '친구 사이에서 발생할 수 있는 갈등을 적절하게 해결하는 방법'을 주제로 도덕 수업을 진행했습니다.

한 차시 수업에서 도덕적 갈등을 해결할 수 있도록 하는 것이 가능한가? 친구 사이의 갈등 사례에 대해서 그것을 해결하는 정답이 유일하게 있는지도 장담할 수 없지만 일반적인 해결방안을 말했다고 해서 실제로 그 아이가 수업 이후 학교 안팎에서 친구와 갈등이 발생했을 때 그렇게 해결하리라 기대하기 어렵지 않은가? …… 중략 ……

친구 사이에서 흔히 발생할 수 있는 갈등의 종류에 대해서 학생들이 서로의 경험을 이야기 하도록 했다. 그런데 아이들 간의 대화가 생각보다 진지하게 진행되었고 시간이 더 주어지면 좋겠다고 판단하여 계획한 것보다 5분을 더 할애하였다. 그런데 지도안에서 계획한 것보다 5분을 더했다는 것이 그렇게 잘못된 것인가? …… 중략 ……

수업에서 이런 비판의 목소리 외에도 좋은 말씀들을 해주신 분들도 많았다. 그러나 그것마저 내게 수업을 잘했다는 칭찬이라는 느낌 외에 비판의 목소리와 다를 게 없었다. 비판과 칭찬 모두 흔히 말하는 좋은 수업이 갖춰야 할 조건에 대해 다시 한 번 확인시켜주는 수사에 불과하다고 느껴졌기 때문이다.

L선생님은 자신의 수업을 참관한 선생님들의 칭찬조차 그다지 흡족해하지 않았습니다. 선생님께서 수업을 통해 동료 교사들에게 피드백을 받고 싶었던 것은 기계적으로 딱 들어맞는 수업을 했느냐의 여부가 아니었습니다. 이러한 기능주의적 시각에서 벗어난, 다른 차원의 이야기를 듣고 싶었습니다. 사실 L선생님은 교육목적에 대한 진술을 행동적 목표의 형태로 명시적으로 진술하지 않았습니다. 그는 도덕수업을 하고 나서 수업목표를 달성했는가의 여부를 단지 한 차시의 수업을 통해서 판단할 수 없다고 생각하고 있습니다. 적어도 선생님께서 전개한 도덕수업의 주제만 놓고 보면 L선생님의 판단은 옳습니다. 수학이나 과학 교과와 달리 예술교과와 도덕교과는 한 차시에서 학생들이 보여주는 행동만으로 수업의 결과를 평가할 수 없기 때문입니다.

수업을 보는 것이 불필요하다는 뜻은 결코 아닙니다. 무엇을 보느냐가 중요하다는 말입니다. 수업을 더 잘 하기 위해서 다른 선생님의 수업을 보는 경험은 절대적으로 필요합니다. 선생님께서 교실에 직접 들어가서 수업을 들여다볼 때 그 학급은 어떤 특징을 갖고 있으며, 학급 안에서는 현재 어떤 일들이 일어나고 있는지 자세히 살펴보아야 합니다. 그리고 그 것들이 현재 목격하고 있는 단위 차시 수업과 어떤 연관성을 갖고 있는지 탐구해야 합니다. 이러한 수업 참관자의 관점은 수업을 양적 연구에서 질적 탐구로 나아가도록 이끌어 줍니다.

수업은 예술이다

영국의 한 초등학교를 방문했을 때의 일입니다. 학교의 일정이 어떻게 짜여 있는지에 대해서 이야기하는 도중, 저는 학습지도를 어떤 방식으로 하고 있는지에 대해서 관심이 있다고 말했습니다. 제 말에 선생님의 얼굴에 믿을 수 없다는 표정이 나타났다. "학습지도(instruction)라니요?" 그들이 의아스럽게 되물었습니다. "예! 저는 당신들이 학생들에게 어떤 식으로 학습지도를 하고 있는 알고 싶습니다." 그 중 한사람이 답변하기를, "이 학교에서는 학습지도를 하고 있지 않습니다. 우리는 가르치고(teaching) 있지요. 학습지도는 교회나 군대에서 하지요. 우리는 가르칩니다." 그들이 저에게 전달해 준 것은 학습지도란 훈련의 일종이며, 가르치는 일보다 훨씬 기계적인 일을 의미한다는 사실이었습니다.

교실 수업의 환경은 상당히 복잡성을 띄고 있습니다. 학급을 맡고 있는 선생님이 선호하는 교육방법이나 취향도 제각각이며 학급 내 학생들의 관심사와 학습 수준도 제각각입니다. 그래서 선생님들은 수업을 계획할 때 개별 학습자들에 대한 출발점 진단에 기초합니다. 하지만 이러한 분석과 진단은 수업을 진행하는 데 있어서 완벽할 수 없습니다. 아이들의 모습은 어제와 오늘이 다르고, 아이들의 감정 상태 역시 하루하루가 다릅니다. 늘 밝은 아이가 어제는 부모님께 혼이 나서 학교 수업에 시큰둥할 수 있는 것이고, 수업에 적극성이 떨어졌던 아이가 어떤 이유에서인지 수업에 열성적으로 참여할 수도 있습니다.

또한 교실 수업은 매우 역동적일 수밖에 없습니다. 매번 선생님께서 예상한 대로 수업이 진행된다면 그것은 학습자 분석과 그에 따른 수업 설계의 완벽함으로 이해될 수도 있겠지만 한편으로는 선생님의 수업 방식에 아이들이 정형화되어 따라오도록 만든 것은 아닌지 점검해볼 필요가 있습니다. 선생님께서 수업 시간에 계획한 질문들에 대한 예상되는 답변이 늘 명확하게 존재합니까? 만약 수학 교과에서 문제를 해결하는 과정이나 결과의 답을 물은 것이라면 답변을 쉽게 예상할 수 있습니다. 정답 아니면 오답입니다. 그러나 음악이나 미술과 같은 교과는 다릅니다. 그런 차원의 단순한 정답을 묻는 것이 수업의 주가 되지는 않을 것입니다. 그렇기 때문에 선생님의 질문 역시 수업 전에 상정했던 것과 다른 질문이 더해지게 되고 학생의 답변 역시 선생님께서 전혀 예상하지 못한 반응일 수 있습니다. 다시 말해서 수업의 과정은 매우 창의적으로 이루어질 수밖에 없습니다.

L선생님께서 수업 시간 가운데 특정 학습활동에 5분을 더 제공한 것도 같은 맥락에서 이해될 수 있습니다. 아이들의 수업 참여 모습과 학습 반응에 근거하여 시시각각 교사의 수업 계획은 수정될 수 있으며 학습활동도 재조직될 수 있는 것입니다. 학생들의 학습결과도 객관적 측정이 가능한

부분만 존재하는 것이 아니라 판단의 준거를 적용해야 할 부분이 엄연히 존재합니다. 수업이 이렇게 창조적 활동의 일환이고, 분석보다는 질적 비평의 대상이 될 수 있다고 본다면 수업은 하나의 예술과도 같습니다. 수업은 체계적인 분석이 불가능한 인간의 감정 세계를 다루고 있으며, 과학으로는 이해하기 어려운 인간 그 자체의 고유 가치를 담고 있습니다.

수업에는 왕도가 없다

수업을 단순히 과학적인 차원에서 접근한다면 좋은 수업은 교과목표에 맞는 최적의 수업내용을 선정하여 효과적인 수업방법을 적용하면 된다는 말이 성립합니다. 수업목표에 도달하기 위한 최적의 길을 찾아야 한다는 측면에서는 일정 부분 긍정하지만, 그 길을 가는 동안의 주인공은 과연 행복했느냐, 그리고 그 이후의 여정을 떠나는데 있어서 정말 최상의 길이었느냐를 조망해야 한다는 측면에서는 한계가 있음을 지적하고 싶습니다.

홀륭한 예술작품은 예술가가 가진 자신의 역량에 더해 자신의 창조활동에 대한 사랑과 열정이 동반될 때 탄생합니다. 수업도 마찬가지입니다. 좋은 수업을 위해서는 선생님이 가진 교수·공학적 기술뿐만 아니라 평소 아이들을 대하는 선생님의 자세가 중요합니다. 우리에게 익히 알려져 있는 유명한 작곡가나 화가의 작품을 생각해 봅시다. 그들의 작품이 후대에까지 영향을 미치며 사람들의 사랑을 받는 이유는 최종적으로 만들어진 음악이나 그림의 작품성 때문만은 아닙니다. 물론 작품성 자체도 예술가의 창조적 과정을 일체 배제하고 판단할 수 없습니다. 모차르트의 교향곡, 고흐의 '자화상'도 그들의 삶을 떼어 놓고 생각할 수 없는 것과 같은 이치이지요. 그들이 살던 시대적 배경과 그 속에서 그들은 어떤 삶을 추구했느냐에 따라 그들의 작품 세계도 확연히 달라질 수 있습니다. 즉, 예술가의 세계관은 작품에 투영될 수밖에 없습니다.

예술 작품은 상점에 놓여있는 일반 상품들처럼 대량생산될 수 없습니다. 수업 역시 그렇습니다. 만일 수업이 수학·과학에 가깝다면 교사와 학생이 처한 환경에서 최적의 처방을 내리는 식으로 교육활동을 전개하면 그만입니다. 그러나 수업은 공장에서 찍어내는 상품처럼 무한히 반복하여 생산할 수 있는 것이 아닙니다. 선생님과 학생, 둘 사이의 상호작용이 발생하는 시·공간은 어느 하나 고정되어 있지 않기 때문입니다. 그래서 수업은 생산 활동이 아닌 창조 활동인 것입니다. 교사는 교실 수업을 진행하면서 일상적인 일에 의해서 지배받지 않고, 예측하지 못한 우연적인 일에도 대비할 수 있어야 합니다. 그리고 이러한 우연에 적절히 대응하기 위해서 교사는 늘 참신한 태도를 가져야 합니다. 가르치는 일은 일상적인 일과 창의적인 일 사이의 긴장 관계에서 이루어집니다.

다음은 매년 자신의 수업을 공개하고 있는 A교사가 수업 공개에 대한 회의에 갖고 쓴 교단일기입니다.

문득 수업공개에 대한 회의가 든다. 나는 내가 맡고 있는 아이들과 함께 만들어가는 이야기 안에서 수업을 하고 있으며 그것을 동료 교사들에게 전달하고 싶다. 하지만 수업공개를 할 때마다 느끼지만, 한 차시의 수업으로는 한계가 있다. 다른 학교에서 수업을 보러 온 선생님의 경우에는 더욱 그렇다. 그분들은 나를 모르고, 또 우리 아이들을 모른다. 나와 아이들이 평소 어떻게 상호작용하고 있는지는 더욱이 알 리 없다. 동료 교사들에게 공개하는 수업을

"사람이 온다는 건 실로 어마어마한 일이다……. 한 사람의 일생이 오기 때문이다." 정현종 시인의 방문객이라는 시에 등장하는 말입니다. 수업도 그렇지 않을까요? 어떤 선생님의 수업을 본다는 것은 어머어마한 일입니다. 그 수업을 진행하고 있는 교실이 내게 오는 일이기 때문입니다. 수업을 하는 선생님이나 보는 선생님이나 시적 은유의 자세를 갖고 있어야 합니다.

과학과 예술은 성격이 매우 다릅니다. 과학의 언어와 예술의 언어는 서로 다른 방식으로 세상을 이해합니다. 오랜 시간 동안 역사 속에서 과학과 예술은 서로 만날 수 없는 지점에 있었습니다. 그러나 최근 예술가 중에는 수학·과학적 안목을 더해 창조 활동을 하는 사람이 있고, 반대로 과학자들 중에는 인문학·미학 등에 관심을 갖고 연구를 하는 사람이 늘어나고 있습니다. 학문 간의 경계는 허물어지고 있습니다. 이러한 시대적 상황에 적합한 융합인재를 길러내기 위해서 한국의 학교는 이른바 문·이과 통합교육과정을 도입하기에 이르렀습니다. 융합인재는 '융합교사'에게서 탄생될 가능성이 높습니다. 선생님들이 먼저 교육의 과학적 측면과 예술적 측면 양쪽 모두를 고려하며 수업을 진행하는 '융합교사'가 되어야 합니다. 융합교사가 지니게 될 역량을 저는 '교육적 상상력'이라고 말하고 싶습니다.

"교육의 질은 교사의 질을 넘을 수 없다"

교육에서 교사의 역할이 얼마나 중요한지를 보여주는 애덤 브룩스(Adam Brooks)의 교육 격언입니다. 교사의 수업을 예술가의 행위에 견주어 본다면 교사의 수업도 교사가 교육을 어떻게 바라보느냐, 그리고 수업에 참여하는 학생들을 어떻게 대하느냐에 따라 수업은 전혀 다르게 전개될 수 있습니다. 학생들에게 받아들여지는 수업의 효과도 판이하게 달라질 수 있습니다.

예술 작품을 예로 들어 보겠습니다. 우리는 작품을 통해서 훌륭한 예술가를 발견하기도 하지만, 때로는 누가 만든 작품이냐의 문제가 작품의 가치를 결정하는 가장 큰 요소가 되기도 합니다. 아마 내일이라도 지금까지 알려지지 않았던 모차르트나 고흐의 작품이 추가로 발견된다면 그것은 그 자체로 사람들의 이목을 끌기 충분하며 그것에 우리는 예술적·역사적으로 높은 가치를 부여할 것입니다.

다음의 상황을 가정해봅시다. 동일한 학생들을 대상으로 동일한 교과 내용에 대해서 동일한 교수법을 이용하여 수업을 전개한 두 교사가 있습니다. 두 교사의 수업은 질적으로 동일한 수업일까요? 두 수업을 지켜본 교사들이 수업에서 관찰된 대화 장면이나 활동이 거의 똑같다고 할지라도 질적 차원에서는 매우 다른 수업일 수 있습니다. 예술 활동처럼 교육에서는 선생님이라는 자체 요인이 매우 큰 요소로 작동할 여지가 있습니다.

교사는 마치 조각가, 작곡가, 배우, 또는 무용가와 마찬가지로 행위 중에 나타나는 현상을 가지고 평가하기 때문에, 가르치는 일은 예술의 일종이다. 템포나 톤, 그리고 분위기나 토론의 속도 같은 학습에서의 학습을 조직하고, 조정하며, 선택하는데 사용되는 것은, 우리가 갖고 있는 지능의 질적인 면이다. 교사는 수업의 질적인 면을 파악할 수 있어야 하며, 학생들이 추구해야 할 목표에 맞는 수업방법을 개발해야 할 것이다.

— E. W. Eisner, 『교육적 상상력』

선생님들은 학생들이 자신을 평소 어떻게 바라보고 있는가를 탐색해야 합니다. 인격적 존재로서 자신들에게 가르침을 제공하는 사람으로 여기느냐, 아니면 단편적인 지식의 습득과 입시에 도움이 되는 '정답 맞추기' 기술을 전수해주는 사람으로 여기느냐에 따라 그 수업은 질적으로 전혀 다른 효과를 낳습니다.

예술가를 넘어

한국사회는 사교육 문제가 매우 심각하다고 들었습니다. 공교육의 회복을 위해 정부부처, 시민사회, 현장의 교사들까지 열심히 노력하고 있지만, 여전히 학원가에는 이른바 족집게 과외를 해주는 스타 강사들이 즐비합니다. 안타깝게도 이들의 강의가 교육에 얼마나 가치가 있는지 모르겠지만 입시를 준비하는 학생들에게는 고액의 수업료를 지불하고, 주말이면 새벽 기차를 타고 이동해서라도 들을 만한 가치가 있는 수업인가 봅니다.

학생들이 학원에서 어느 스타 강사의 강의를 듣고 그에게 존경심을 가질 수 있을까요? 학원에서 강사가 전달하는 지식의 차원은 학교에서 선생님들이 전달해야 하는 지식의 차원과는 질적으로 매우 다릅니다. 대형 학원

강의실에서 강사는 학생들을 지적 무지의 상태로 간주하고 자신이 갖고 있는 지식을 효과적으로 전달하는데 치중합니다. 학생과의 유의미한 소통을 하려는 순간 그것은 쓸데없는 사족이 되며, 비싼 강의료를 지불하고 먼 곳에서 달려온 학생들에게 그와 같은 행동은 원성을 살 수 있습니다. 이와 달리, 학교에 근무하는 선생님의 교육활동은 학생과의 인격적 만남에 토대를 두어야 합니다.

수업을 이야기할 때 수업을 진행하는 선생님과 아이들 사이의 관계로 초점을 이동시켜 보면 어떨까요? 수업의 의미를 단위 차시에 한정지어서 찾지 말고 담임선생님과 학생 사이에서 쌓아온 일련의 학급 이야기 안에서 볼 수 있어야 합니다. 학생들이 담임선생님을 어떤 예술가로 마주하느냐가 선생님이 진행하는 수업에 참여하는 학생의 태도를 좌우하고 이는 수업의 교육 효과에도 영향을 줄 것입니다. 또한 선생님을 바라보는 학생의 태도가 선생님과 학생 사이의 상호작용, 함께 써내려갈 학급 이야기 등의 방향을 결정할 것입니다.

만남 이후

아이즈너의 시각에서 보면 지금까지 나는 수업 기술자로서 연구를 부단히 수행해왔다. 그런 기술자로서의 옷을 입는 것이 꺼림칙함에도 불구하고 수업을 잘하고 싶은 마음에 기꺼이 나는 기술 연마자의 길을 걸어온 것 같다. 동료 선생님이나 학부모에게 수업을 공개할 때면 으레 수업을 참관하는 사람들의 시선을 의식했다. 절반 이상은 이들에게 수업을 잘하는 선생님으로 비춰지고 싶었기 때문이다. 결국 공개 수업을 준비하는 과정은 단지 그 한 시간만을 위한 조사와 탐색의 시간이 되곤 했다. 교사 온라인 커뮤니티 공간에 찾은 다양한 교수법과 내가 가진 시청각 매체 활용 능력을 극대화하는 방향으로 수업을 설계하였다. 최대한 시각적 효과를 볼 수 있는 것들로 말이다.

상황이 이러하니 동료 교사의 수업을 보는 나의 눈도 비슷했다. 내게 다른 선생님의 수업은 분석의 대상이었다. 수업을 참관할 때면 학습 활동들이 짜임새 있게 구성되었는지 수업목표 도달을 위해 일관성 있게 진행되었는지를 우선적으로 살펴보았다. 생각해보면 수업이라는 창조적 활동을 전개하고 있는 선생님과 학생들은 나의 눈에 들어오지 않았다. 아이즈너가 말한 교육적 감식안에 비춰보면 내 자신이 부끄럽기만 하다. 나는 수업을 창조적 활동으로 본 아이즈너의 입장에 동의한다. 수업은 분석보다는 질적 비평의 대상이 되어야 한다. 기술공학적 차원의 수업연구는 지금까지 10여 년의 교사 생활로 충분하다. 이제는 체계적 분석의 연구 방법으로는 배우기 어려운 수업의 질적 차원으로 관심을 돌려보고자 한다. 수업이라는 창조적 활동을 실행하고 또 목격하면서 과학으로는 이해하기 어려운 인간 그 자체의 고유 가치들을 찾으려고 시도하겠다.

참고문헌

1. 공부로의 초대

박재주, 『서양의 도덕교육 사상』, 청계, 2003.

이철주, 『소크라테스에게 도덕교육을 묻다』, 씨아이알, 2016.

Plato 지음, 최호연 옮김, 『프로타고라스/메논』, 도서출판 두로, 1997.

Plato 지음, 박종현 옮김, 『플라톤의 네 대화편』, 서광사, 2003.

M. C. Nussbaum 지음, 우석영 옮김, 『공부를 넘어 교육으로』, 궁리, 2011.

2. 만남의 의미

강선보, 『마르틴 부버의 만남의 교육』, 양서원, 1992.

강선보, 신창호, 「부버의 교사관과 유학의 교사관 비교 연구」, 『한국교육』, 제28권 제2호, 113-136, 2001.

김인정, 「교사와 학생의 대화적 관계의 의미와 실제: 부버의 대화철학에 기초한 탐색」 광주
　　교육대학교 석사학위 논문, 2018.

김춘수 지음, 이재복 엮음, 『김춘수 시선』, 지식을만드는지식, 2012.

유윤경, 「마르틴 부버 '나-너 관계'의 교육적 의미-나와 너를 중심으로」, 청주교육대학교 석
　　사학위 논문, 2010.

A. Saint-Exupery. 『The Little Prince』 YBM, 2009.

M. Buber 지음, 표재명 옮김, 『나와 너』, 문예출판사, 1977.

M. Buber 지음, 우정길 옮김, 『교육 강연집』. 지식을만드는지식, 2014.

S. Silverstein 지음, 이재명 옮김, 『아낌없이 주는 나무』, 시공사, 2017.

3. 교사의 존재와 교육상황

정광순, 「교육적인 것의 의미 고찰-van Manen의 해명을 중심으로」, 통합교육과정연구, 2016.

M. Van Manen 지음, 정광순 외 옮김. 『가르친다는 것의 의미』, 학지사, 2012.

4. 경험은 배움의 시작

박주희, 「존 듀이의 경험의 개념과 유형 분석을 통한 교육적 의미」, 『인문학연구』, 제53권, 441~470.

서용선, 『혁신교육 존 듀이에게 묻다』, 살림터, 2012.

신창호, 『존 듀이 교육학의 원류를 찾아서』, 우물이 있는 집, 2018.

J. Dewey 지음, 김성숙·이귀한 옮김. 『민주주의와 교육』, 동서문화사, 2013.

5. 칭찬으로부터의 자유

박병기, 「도덕교육에서 도덕성 발달의 의미와 지향」, 『윤리철학교육』 9집, 2007.

유지연, 「콜버그의 인지발달이론을 통한 도덕성 함양에 관한 연구」, 인천대학교 교육대학원 박사학위논문, 2010.

I. Kant 지음, 백종현 옮김, 『윤리형이상학 정초』, 아카넷, 2006.

J. S. Mill 지음, 서병훈 옮김, 『공리주의』, 책세상, 2018.

J. Spinelli 지음, 최지현 옮김, 『링어, 목을 비트는 아이』, 메타포, 2008.

L. Kohlberg 지음, 김민남 외 옮김, 『도덕발달의 철학』, 교육과학사, 2000.

T. Sprod 지음, 박재주 외 옮김, 『윤리탐구공동체 교육론』, 철학과 현실사, 2007.

6. 관계의 전략화

김태정, 손지희, 이두표, 천보선. 『비고츠키 생각과 말 쉽게 읽기』, 살림터, 2013.

서향희, 「교사의 정서적 스캐폴딩(scaffolding)에 관한 참여관찰 연구: 쌓기놀이 활동을 중심으로」, 성균관대학교 교육대학원 박사학위 논문, 2012.

허혜경, 「Vygotsky의 ZPD이론에 기초한 교수-학습방법」, 『교육학연구』, 34권 5호, 1996.

L. S. Vygotsky, 「The Problem of the Environment」, In R. van der Veer & J. Valsiner (Eds.), The Vygotsky Reader(pp. 338-354). Cambridge, MA: Blackwell, 1994.

S. McNaughton, & J. Leyland, 「The shifting focus of maternal tutoring across different difficulty levels on a problem-solving task. British Journal of Developmental」 Psychology, 8(2), 147-155, 1990.

7. 살아있는 프로젝트

김경하, 「킬패트릭의 The Project Method 관점에서 본 초등학교 프로젝트 수업에 대한 몇 가지 쟁점」, 『통합교육과정연구』, 10권 2호, 2016, 한국통합교육과정학회.

신태현, 정광순, 「킬패트릭의 Project Method로 본 학교수업의 모습 성찰」, 『통합교육과정연구』, 10권 3호, 2016, 한국통합교육과정학회.

J. Larmer, J. Mergendoller, S. Boss 지음, 최선경, 장밝은, 김병식 옮김, 『프로젝트 수업 어떻게 할 것인가?』, 지식프레임, 2017.

W. H. Kilpatrick, 「The project method: The use of the purposeful act in the educative process」 Columbia University, 1924.

8. KDB모형으로 단원(Unit) 만들기

정광순·홍영기·강충열 지음, 『2009개정 교육과정에 따른 초등학교 통합교과 교육론』, 학지사, 2012.

S. Drake, 『Planning Integrated curriculum: The call to adventure』, alexandria, va: association for supervision and curriculum development, 1993.

S. Drake & R. Burns, 『Meeting standards through integrated curriculum』, Alexandria, VA: Association For Supervision and Curriculum Development, 2004.

S. Drake, 『Creating Standards-based integrated curriculum』, Thousand Oaks, CA: Corwin Press, 2012.

9. 다양한 접근

황윤한, 조영임, 『개별화 수업: 이해와 적용』, 교육과학사, 2005.

Howard Gardner 지음, 김명희 외 옮김, 『다중지능의 이론과 실제』, 양서원, 1998.

Howard Gardner 지음, 문용린, 유경재 옮김, 『다중지능』, 웅진지식하우스, 2015.

10. 학생이해와 학급운영

전영주, 『공부이전에 충족돼야할 학생들의 욕구』, 디트news24, 2014.

A. H. Maslow 지음, 소슬기 옮김, 『매슬로의 동기이론』, 유엑스리뷰, 2018.

11. 가르치면서 배우다

구원회, 「교사의 실천적 지식에 관한 국내 연구의 동향 고찰」, 『한국교원교육연구』, 제24권 제1호, 2007.

소경희, 김종훈, 「초등교사의 수업관련 실천적 지식의 작동 및 형성 과정에 대한 사례 연구」, 『교육학연구』, 제48권 제1호, 2010.

신태현, 정광순, 「교사의 실천적 지식에 대한 성찰적 탐구」, 『교육과정연구』, 제35권 제3호, 2017.

오영범, 『교사 전문성과 수업: 질적 연구를 통한 실천적 접근』, 교육과학사, 2017.

이보미, 「초등학교 경력교사와 초임교사의 실천적 지식에 대한 사례 연구」, 한국교원대학교 석사학위 논문, 2017.

이정선, 「교사의 실천적 교수지식 및 형성방안」, 『교육인류학연구』, 8(2), 211-239, 2005.

홍미화, 「교사의 실천적 지식으로 읽는 초등 사회과 수업」, 한국교원대학교 박사학위 논문, 2006.

12. 교사는 예술가

김은정, 「아이즈너 이론의 주요 개념에 나타난 질적, 예술적 특성」, 『교육논총』 제55집 2호, 2018.

박상현, 「수업 담론에 대한 비판적 성찰과 확장: 교육과정철학의 관점에서」, 제주대학교 박사학위논문, 2016.

박승배, 『교육평설』, 교육과학사, 2013.

이혁규 외, 「수업의 과학성과 예술성 논의와 수업 비평」, 한국열린교육학회, 제20권 2호, 2012.

장성모, 「교육과 예술」, 『초등교육연구』, 제26집 2호. 2013.

E. W. Eisner 지음, 박병기 외 옮김, 『질적연구와 교육』, 학이당, 2001.

E. W. Eisner 지음, 이해명 옮김, 『교육적 상상력』, 단국대학교 출판부, 2005